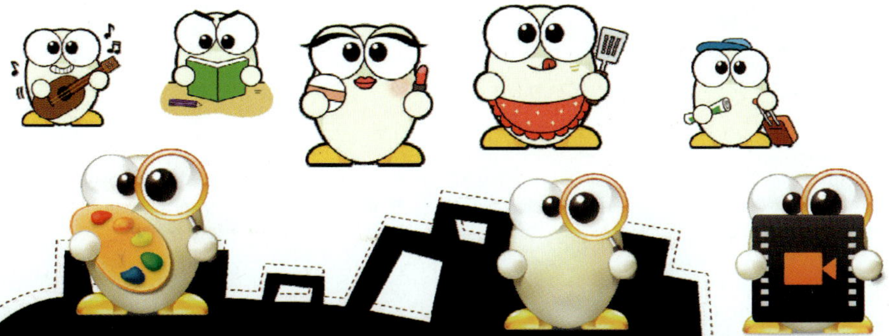

사진에 추억을 남기는

알씨 알씨 꾸미기 알씨동영상 만들기

- 알씨(사진 관리), 알씨 꾸미기(사진 편집), 알씨 동영상 만들기(영상 제작)
- 누구나 5분이면 사진으로 동영상을 만들 수 있는 알씨 동영상 만들기를 상세히 설명
- 알씨 동영상 만들기의 간편 만들기와 상세 꾸미기 설명
- 음악 자르기, 합치기, 페이드 인/아웃 처리 기법 소개
- 기초 영상 툴인 Daum 팟인코더 설명

이정민 지음

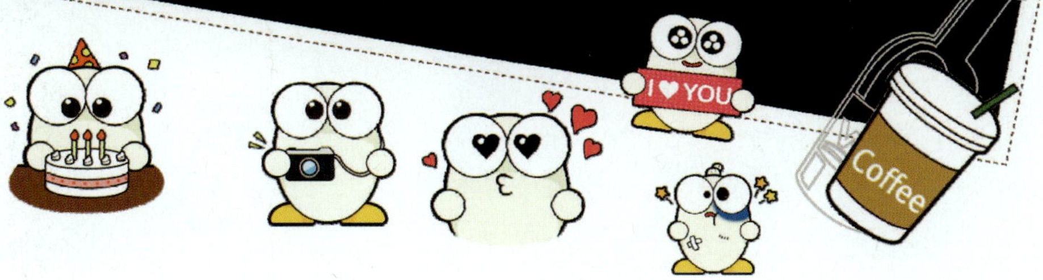

Thanks to

책 집필을 기획했을 때부터 책의 완성까지
㈜이스트소프트의 관계자 분들께서 많은 조언과 지원을 해주셨습니다.

그 분들의 도움이 있어 책을 알차게 구성하고,
책 표지 등에 알툴즈의 관련 로고를 사용할 수 있었습니다.

언제나 사용자들에게 사랑받는 알툴즈가 되기를 기원 드리며,
지면으로나마 깊은 감사를 드립니다.

책 원고를 작성하는데 많은 격려와 도움을 주시고,
기꺼이 사진을 제공해주신 에코우님, 짱가짱짱가님, 은빛님, 산이슬님께 깊은 감사를 드립니다.

이 책의 차례

Part 01 알씨로 사진 보기

Lesson 01 알씨 설치하기 8

1. 알씨(ALSee) 프로그램이란? 8
   - 알툴즈의 구성 8
   - 알씨의 구성 8
2. 알씨(ALSee) 다운로드 및 설치하기 11

Lesson 02 알씨로 사진보기 14

- 알씨의 구성 14
1. 알씨 실행하기 14
2. 알씨로 사진보기 14
   - 2.1 알씨의 사진보기 모드 14
   - 2.2 알씨로 사진 보기 16
   - 2.3 바탕 화면의 [컴퓨터]나 [탐색기]에서 알씨로 사진보기 19
3. 알씨 작업 방식 익히기 21
   - 3.1 메뉴를 이용한 작업 21
   - 3.2 도구 아이콘을 이용한 작업 22
   - 3.3 단축키를 이용한 작업 23
   - 3.4 단축 메뉴를 이용한 작업 25

Lesson 03 알씨로 사진 관리하기 26

1. 사진 크기 변경하기 26
2. 사진 포맷 변경하기 28
3. 사진 회전시키기 31
4. 사진 이름 일괄 변경하기 33
   - 사진 파일 이름 지정 35
5. 사진 이동하기 36
6. 사진 삭제/복사/잘라 내기 37
7. 사진을 바탕 화면 배경으로 지정하기 40
   - 윈도우에서 바탕 화면에 배경 지정하기 41
   - 알씨 도움말 및 알툴즈 사이트 43

Lesson 03　알씨네 사진관 이용하기　　　　　　　　　　44

- 사진 인화 서비스　　　　　　　　　　45
- 사진 앨범 서비스　　　　　　　　　　45
- 사진 기념품 서비스　　　　　　　　　45

Part 02　알씨 꾸미기로 사진 편집하기

Lesson 05　알씨 꾸미기 실행하기　　　　　　　　　　47

1. 알씨 꾸미기 실행하기　　　　　　　　　　47
2. 알씨에서 알씨 꾸미기로 이동하기　　　　　　49

Lesson 06　사진에 액자 넣기　　　　　　　　　　　　50

1. 사진에 액자 넣기　　　　　　　　　　　　50
   - 알씨 꾸미기의 [모두 저장] 옵션　　　　53
2. 여러 장의 사진에 액자 넣기　　　　　　　53
   - 액자 선택한 후, [적용하기]　　　　　　56
3. 한 장에 여러 액자 사용하기　　　　　　　56
   - 작업 중 원본으로 되돌리기/취소 및 되살리기　57

Lesson 07　사진에 글상자/스티커 넣기　　　　　　　　58

1. 사진에 글쓰기　　　　　　　　　　　　　58
   - 글상자 크기 및 위치 조정　　　　　　　59
2. 사진에 스티커 넣기　　　　　　　　　　　61
3. 사진에 글상자와 스티커 함께 넣기　　　　62

Lesson 08　사진에 보정/필터/효과 주기　　　　　　　　63

1. 사진 보정하기　　　　　　　　　　　　　63
2. 사진에 필터 적용하기　　　　　　　　　　65
3. 소프트 포커스 효과 주기　　　　　　　　　67
4. 모자이크 효과 주기　　　　　　　　　　　68
5. 적목 제거 효과 주기　　　　　　　　　　　69

Lesson 09 사진 크기 변경과 자르기 ... 71

1. 사진 크기 변경하기 ... 71
2. 사진 자르기 ... 72
   - 알씨 꾸미기의 작업 ... 73

Part 03 알씨 동영상 만들기

Lesson 10 알씨 동영상 만들기 실행하기 ... 75

1. 알씨 동영상 만들기 실행하기 ... 75
2. 알씨에서 알씨 동영상 만들기 이동하기 ... 76

Lesson 11 간편 만들기로 동영상 만들기 ... 77

1. 동영상에 사진 추가하기 ... 77
   - 기본 화면 살펴보기 ... 79
   - 알씨 동영상 만들기의 권장 설정 ... 80
2. 동영상에 음악 넣기 ... 81
3. 동영상 재생 시간 설정하기 ... 83
4. 오프닝과 엔딩 넣기 ... 84
5. 동영상 만들기 ... 85
   - 최고의 해상도로 저장하려면 ... 86

Lesson 12 상세 꾸미기로 동영상 만들기 ... 88

1. 사진 추가와 재생 시간 설정하기 ... 88
   - 영상 기본 설정 ... 89
   - 사진 1장당 재생 시간 ... 89
2. 배경 음악 넣기 ... 90
3. 자막 넣기 ... 91
   - 3.1 사진 위에 자막 넣기 ... 91
     - 자막 표시 ... 92
     - 자막 삭제/수정 ... 92
   - 3.2 사진 사이에 자막 넣기 ... 93

3.3 자막 기능으로 오프닝/엔딩 만들기	94
■ [간편 만들기]의 오프닝/엔딩과 [상세 만들기]의 새 화면 자막 비교	95
4. 디자인 기능(배경, 액자) 익히기	96
4.1 사진에 배경 넣기	96
■ 배경과 액자 없애기	97
4.2 사진에 액자 넣기	98
5 효과 적용하기	99
5.1 전환 효과 적용하기	99
■ [전환]과 [시네마틱] 효과 없애기	100
5.2 시네마틱 효과 적용하기	101
6 동영상 만들기	102

Lesson 인터넷에 동영상 올리기 — 105

13

1. 네이버 블로그에 동영상 업로드 하기	105

Lesson 알씨 동영상 Power Up 시키기 — 109

14

1. Audacity로 음악 관리하기	109
1.1 Audacity 설치하기	110
1.2 Audacity로 음악 자르기	111
1.3 Audacity로 페이드 인/페이드 아웃 처리하기	116
1.4 Audacity로 음악 합치기	118
2. Daum 팟인코더 활용하기	120
2.1 Daum 팟인코더로 영상 합치기	120
2.2 Daum 팟인코더의 다른 기능 살펴보기	123
■ 영상 포맷/크기 변환	123
■ 영상 자르기	124
3. 편집에 유용한 영상 소스 다운로드 하기 [Freemake Video Downloader]	124

Part 01

알씨로 사진 보기

Lesson 01 알씨 설치하기
- 알씨(ALSee) 프로그램의 다운로드 및 설치하기

Lesson 02 알씨로 사진 보기
- 알씨로 사진 보기
- 바탕 화면의 [컴퓨터]나 [탐색기]에서 알씨로 사진보기
- 알씨 작업 방식 익히기

Lesson 03 알씨로 사진 관리하기
- 사진 크기/포맷 변경하기
- 사진 회전시키기
- 사진 이름 일괄 변경하기
- 사진 이동하기
- 사진 삭제/복사/잘라 내기
- 사진을 바탕 화면 배경으로 지정하기

Lesson 04 알씨네 사진관 이용하기

알씨 설치하기

01
Lesson

알씨 & 알씨 꾸미기 & 알씨 동영상 만들기

❶ 알씨 (ALSee) 프로그램이란?

알씨(ALSee)는 이스트소프트 社에서 개발한 알툴즈(ALTools)란 패키지에 수록된 프로그램입니다. 알툴즈 패키지에는 다양한 프로그램이 수록되어 있는데 그 구성은 다음과 같습니다.

■ 알툴즈의 구성

파일 압축과 해제 프로그램인 '알집'과 사진을 볼 때 사용하는 '알씨', 바이러스와 악성코드로부터 PC를 보호해 주는 '알약' 등은 익히 들어본 프로그램들입니다.

이중 알씨(ALSee)는 사진을 보는 [알씨], 사진 편집 기능을 갖고 있는 [알씨 꾸미기], 사진으로 동영상을 만들 수 있는 [알씨 동영상 만들기]로 구성되어 있습니다.

■ 알씨의 구성

본서는 사진 편집의 유용한 툴인 알씨의 기능을 주로 설명하는 책입니다.

[알씨]는 사진의 포맷 변경, 파일명의 일괄 수정 및 사진을 볼 때 유용한 프로그램입니다.

[알씨 꾸미기]는 사진을 편집하는 프로그램입니다. 사진의 크기 변경, 자르기, 보정, 효과 및 사진 위에 글자 등을 넣을 수 있습니다.

10 알씨 ➕ 알씨 꾸미기 ➕ 알씨 동영상 만들기

[알씨 동영상 만들기]는 사진으로 동영상을 손쉽게 만들 수 있는 프로그램입니다.

이렇게 알씨는 알씨, 알씨 꾸미기, 알씨 동영상 만들기로 나누어져 구성되어 있으며, 이 책에서는 이 모든 기능을 차례대로 살펴보도록 하겠습니다.

아래는 알툴즈(www.altools.co.kr)의 홈피에서 알씨의 기능을 설명하고 있는 화면으로, 알씨에 수록된 알씨, 알씨 꾸미기, 알씨 동영상 만들기의 기능을 안내하고 있습니다.

❷ 알씨(ALSee) 다운로드 및 설치하기

1 네이버 등에서 [알씨]를 입력하여 검색한 후, 나타나는 [알씨(ALSee)]를 클릭합니다.

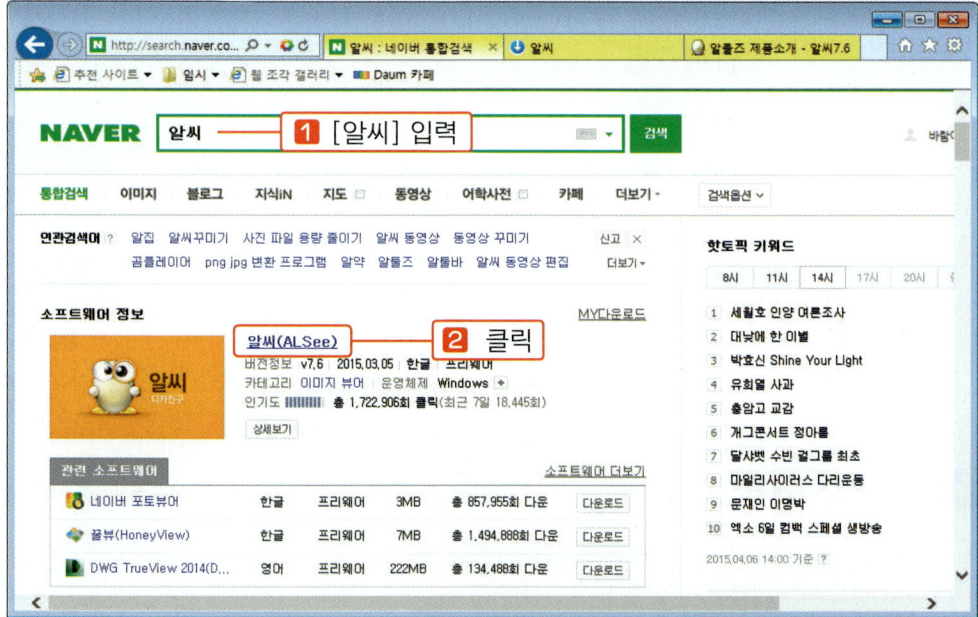

2 [알씨]가 나타나면 [개발사 다운로드]를 클릭합니다.

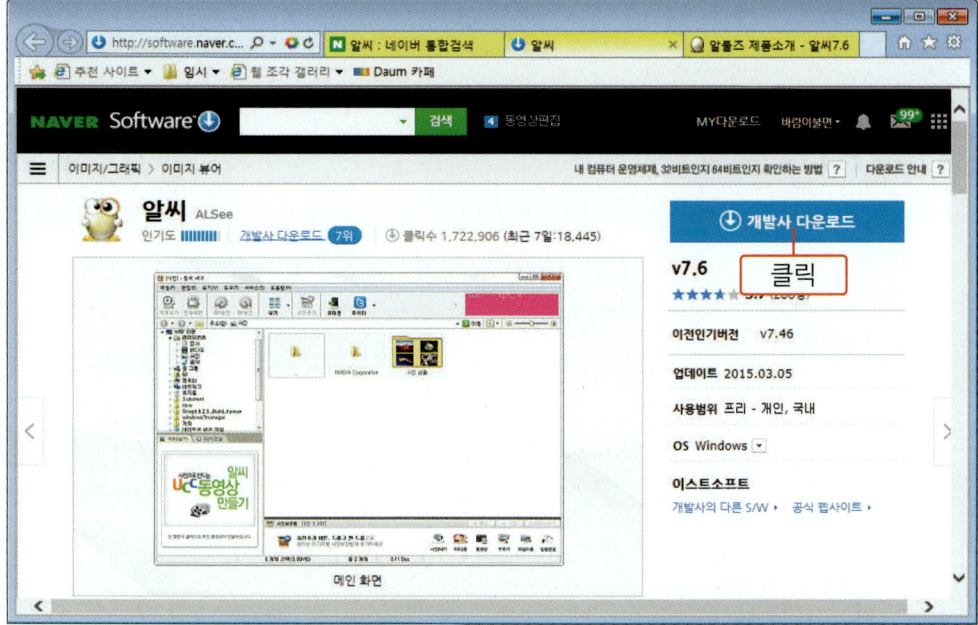

3 [설치하기]의 ⬇를 클릭한 후, 하단에 나타나는 메시지 창에서 [실행]을 클릭합니다.

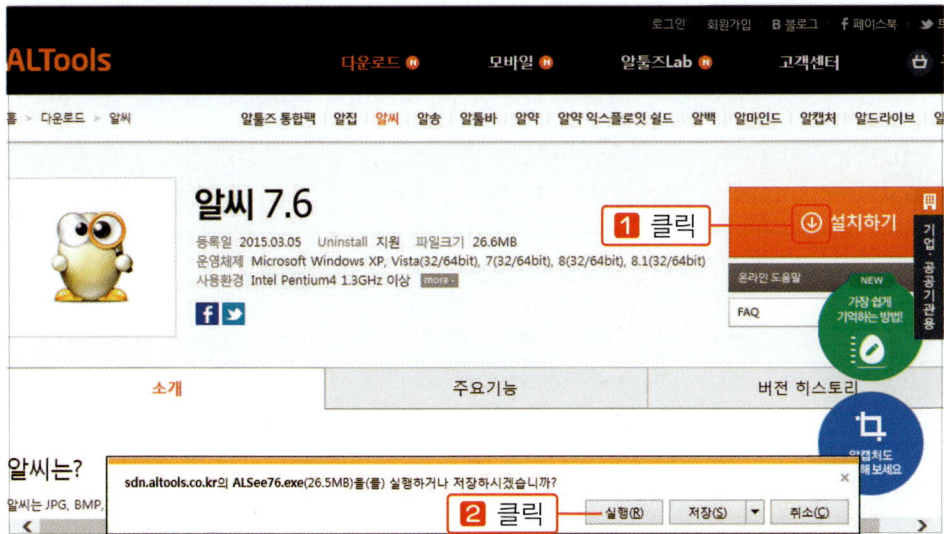

4 다운로드와 보안 검사가 완료된 후, 아래와 같은 메시지가 나타난다면 [예]를 클릭합니다.

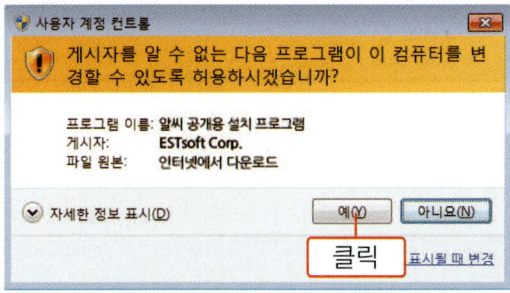

5 [라이선스 계약 동의] 화면이 나타나면 [동의]를 클릭한 후, 이어서 [설치 시작]을 클릭합니다.

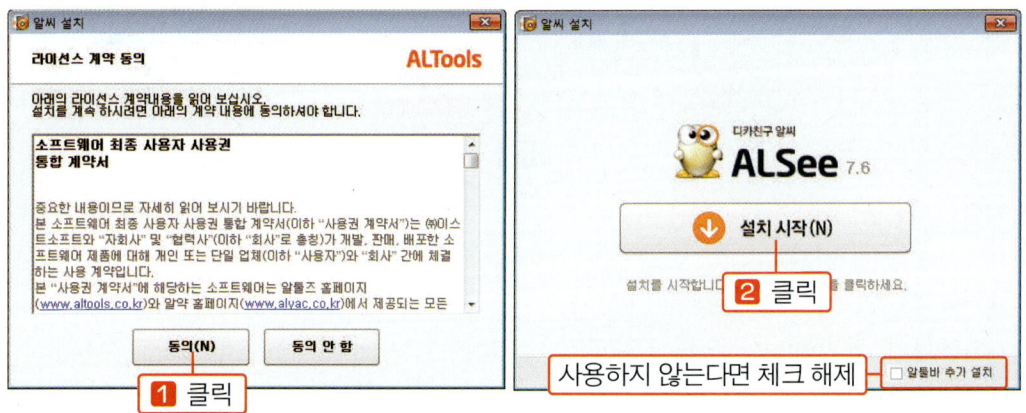

6 나타나는 화면에서 [빠른 설치]를 클릭합니다.

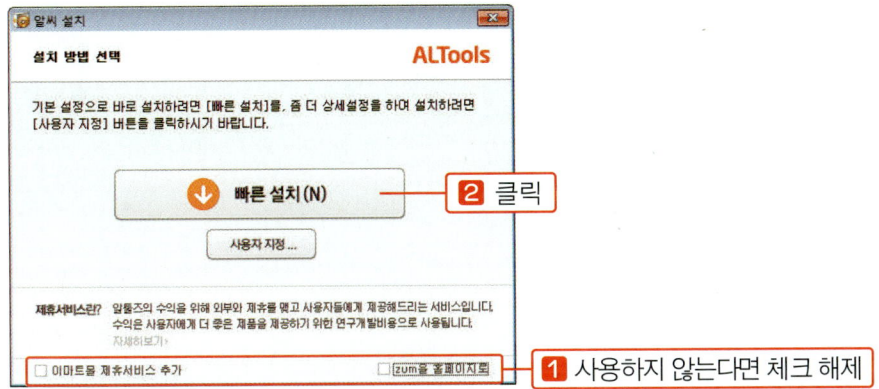

7 압축이 해제된 후, [알약을(를) 설치 해 보시겠습니까?]의 체크를 해제하고 [확인]을 클릭합니다.

8 알씨의 설치가 끝난 후, 바탕 화면을 보면 [알씨], [알씨 꾸미기], [알씨 동영상 만들기]의 실행 아이콘이 생성되어 있습니다.

> **노트** 　알씨의 설치
>
> [알씨] 프로그램은 www.altools.co.kr 홈페이지에서도 다운로드 할 수 있으며, 설치 과정은 버전과 설치 옵션의 선택에 따라 다르게 나타날 수 있습니다. 그러나 전반적인 설치 과정은 책에서 소개한 과정과 크게 다르지 않으므로, 나타나는 화면의 설명을 잘 살펴보면서 진행하면 됩니다.

알씨로 사진 보기

02 Lesson

알씨 & 알씨 꾸미기 & 알씨 동영상 만들기

알씨(ALSee)는 사진 보기 기능을 주로 담당하는 [알씨], 사진 편집을 담당하는 [알씨 꾸미기], 사진으로 동영상을 만드는 [알씨 동영상 만들기]로 구성되어 있습니다.

■ 알씨의 구성

이중 먼저, 사진 보기 기능의 [알씨]부터 살펴보겠습니다.

1 알씨 실행하기

알씨를 실행하려면 윈도우 하단의 윈도우 버튼을 클릭한 후, [모든 프로그램]에서 [알씨]를 클릭하거나 바탕 화면에 생성된 [알씨] 아이콘을 클릭합니다.

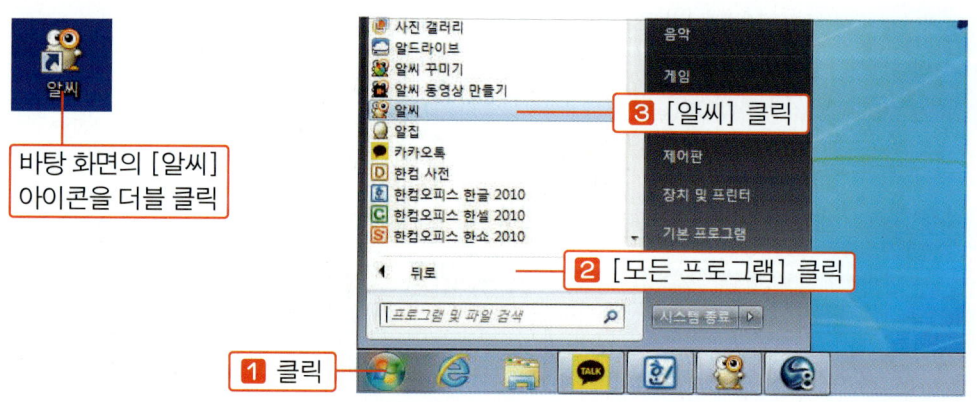

❷ 알씨로 사진보기

2.1 알씨의 사진보기 모드

알씨의 메인 화면에 사진이 나타나는 형태는 도구 아이콘 [보기]에서 지정할 수 있습니다.

 [보기]의 도구 아이콘은 우측의 화살표(▼)를 클릭하여 나타나는 메뉴를 선택합니다. 화살표(▼)가 아닌 좌측을 클릭하면 알씨에서 지정해둔 순서대로 사진이 표시됩니다.(미리 보기 → 큰 아이콘 … 필름 형식 순)

아래는 [보기]의 형식 중 [큰 아이콘] 형태로 나타낸 그림입니다.

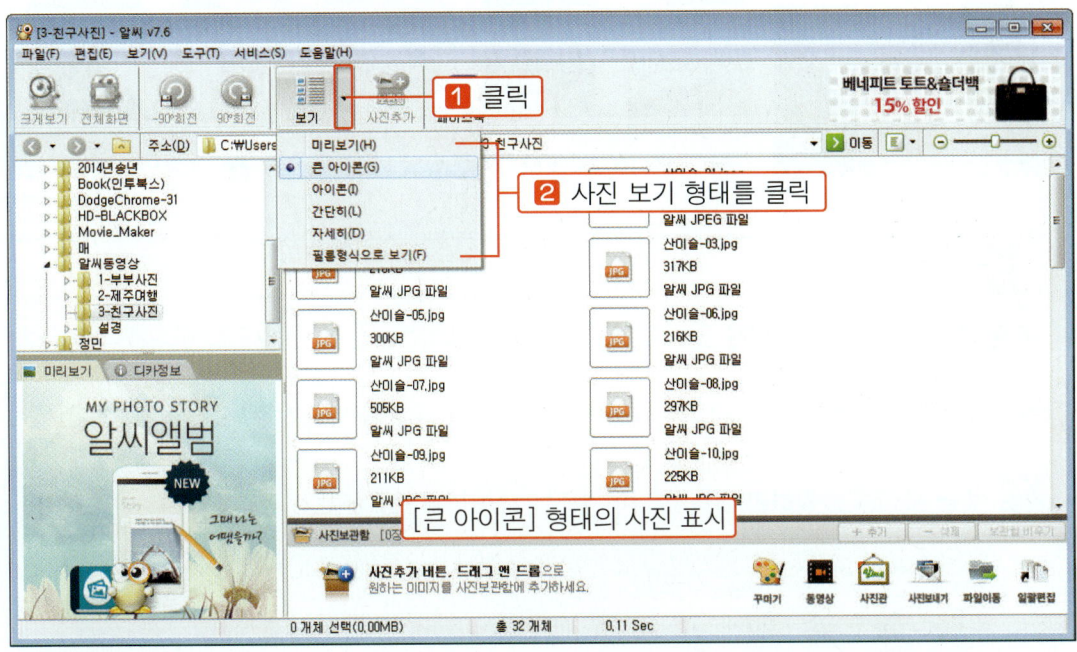

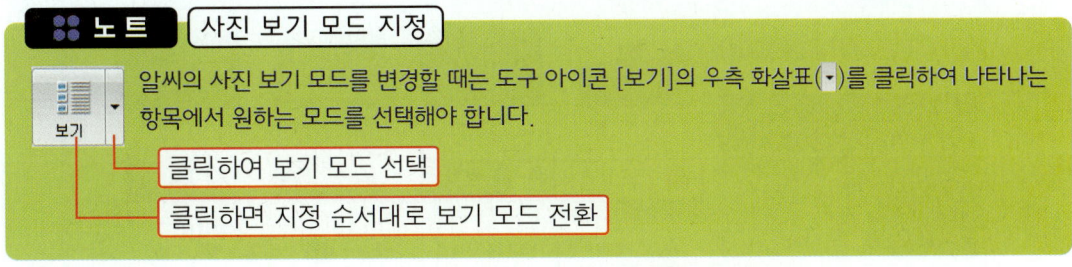

여러 형태 중 [미리 보기] 형태가 사진을 바로 확인할 수 있어서 가장 많이 사용하는 모드입니다. 특별한 목적이 없다면 [미리 보기] 형태의 사진 보기를 사용하기 바랍니다.

사진을 알씨 화면에서 바로 보려면 [보기]-[미리 보기]를 클릭합니다.

2.2 알씨로 사진 보기

알씨를 실행시켜 원하는 폴더로 이동하였다면 좀 더 다양한 방식으로 사진을 볼 수 있습니다.

1 해당 사진을 클릭하면 좌측 하단에 해당 사진이 나타납니다.

2 사진을 크게 보려면 해당 사진을 클릭하여 선택한 후, 아이콘을 누르거나 해당 사진을 더블 클릭합니다.

3 [알씨 크게 보기] 화면에 사진이 나타납니다. 화면에 표시된 각각의 아이콘을 눌러 그 기능을 한 번씩 살펴보기 바랍니다.

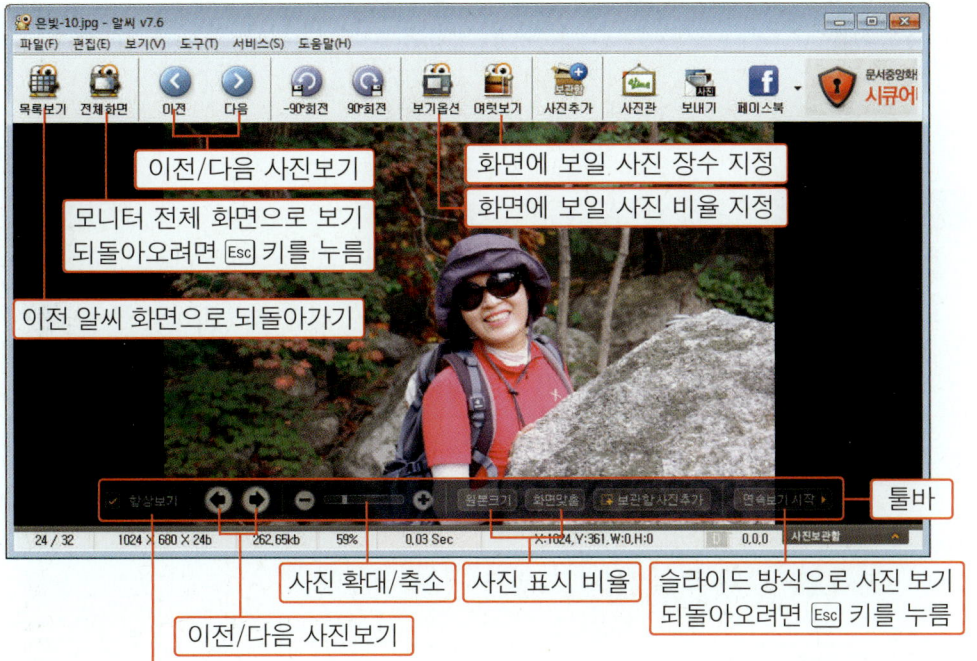

| 18 | 알씨 ➕ 알씨 꾸미기 ➕ 알씨 동영상 만들기 |

4 아래는 3번 화면에서 [전체화면]을 눌러 모니터 전체 크기에 맞춰 나타나게 한 후, 이전/다음 (◀ ▶)를 눌러 이동한 결과입니다.

※ 기본 화면으로 되돌아가려면 Esc 키를 누릅니다.

- ◀ ▶ : 이전/다음 사진으로 이동합니다. 스페이스바를 눌러 다음 사진으로만 이동할 수도 있습니다.
- ➖▬➕ [원본크기][화면맞춤] : 확대/축소 및 원본 크기, 화면에 맞춰서 사진을 표시할 수 있습니다.
- Esc : Esc 키를 누르면 이전 화면으로 되돌아갑니다.
- Enter↵ : Enter↵ 키를 누르면 알씨의 처음 화면으로 되돌아갑니다.

노트 [전체 화면에서 보기]

2.3 바탕 화면의 [컴퓨터] 나 [탐색기] 에서 알씨로 사진보기

알씨 설치 후 특별한 설정을 하지 않으면, 윈도우의 사진이나 그림의 기본 보기 프로그램으로 알씨가 지정됩니다. 이때에는 바탕 화면의 [컴퓨터]나 [Windows 탐색기] 등에서 원하는 위치로 이동한 후, 사진을 더블 클릭하면 바로 알씨에 사진이 나타나게 됩니다.

1 바탕 화면의 [컴퓨터] 아이콘을 클릭하여 사진을 나타낼 위치로 이동합니다.

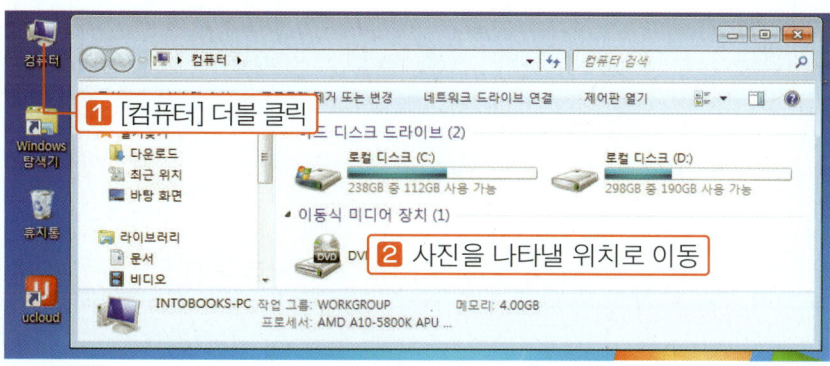

2 본서에서는 [바탕 화면]의 [알씨동영상]-[3-친구사진] 폴더로 이동하였습니다. 화면을 [큰 아이콘] 형태로 나타나게 설정한 후, 원하는 사진을 더블 클릭합니다.

> **노트** 실습 파일
> 이 책에 사용한 사진은 초상권 문제로 제공되지 않습니다. 독자 분들은 본인의 사진이나 인터넷에서 다운로드 받은 사진을 실습에 활용하기 바랍니다.

3 원하는 사진을 더블 클릭하면 해당 사진이 알씨에 나타납니다.

노트 | 윈도우 사진 보기 기본 프로그램

윈도우에서 사진을 더블 클릭할 때 알씨에 나타나지 않는다면, 사진에서 마우스 우측 버튼을 클릭하여 [연결 프로그램]-[기본 프로그램 선택]에서 [알씨]를 선택한 후, [이 종류의 파일을 열 때 항상 선택된 프로그램 사용]에 체크해 주고 [확인] 버튼을 클릭합니다. 그러면 이후에 사진을 더블 클릭하면 알씨에 사진이 나타나게 됩니다.

4 사진을 [컴퓨터]나 [Windows 탐색기] 등에서 더블 클릭하여 알씨에 표시하였으면, 알씨 화면의 아이콘이나 메뉴를 사용하여 다양하게 볼 수 있습니다.

알씨 작업 방식 익히기

알씨에서의 작업은 윈도우의 기본 방식과 같습니다. 윈도우처럼 아래 네 가지 방식 모두를 제공하는 작업이 있고, 몇 가지 방식만 제공하는 작업도 있습니다.

❶ 메뉴 방식   ❷ 도구 아이콘 방식
❸ 단축키 방식   ❹ 마우스 우측 버튼을 사용한 단축 메뉴 방식

이러한 다양한 작업 방식은 알씨만이 아닌 윈도우에서 구동되는 모든 프로그램들에서 공통적으로 사용 가능합니다. 사용자가 편리한 방식을 사용하되, 어떤 프로그램을 사용하더라도 다양한 작업 방식이 제공된다는 것을 알고 있어야 합니다.

이곳에서는 다양한 작업이 있다는 것을 확인하는 것이 목적이며, 특별히 실습할 필요 없이 개념을 익히는 정도로 봐 두고 넘어가기 바랍니다.

3.1 메뉴를 이용한 작업

메뉴 방식은 해당 프로그램 상단에 표시된 [파일], [편집] … 등의 메뉴를 이용하여 작업하는 것입니다.

1 알씨에서 사진을 클릭하면 좌측 하단에 사진이 표시됩니다.

② 사진을 선택한 후 메뉴 [파일]-[디지털 카메라 정보]를 클릭하면 사진에 관한 각종 정보를 확인할 수 있습니다.

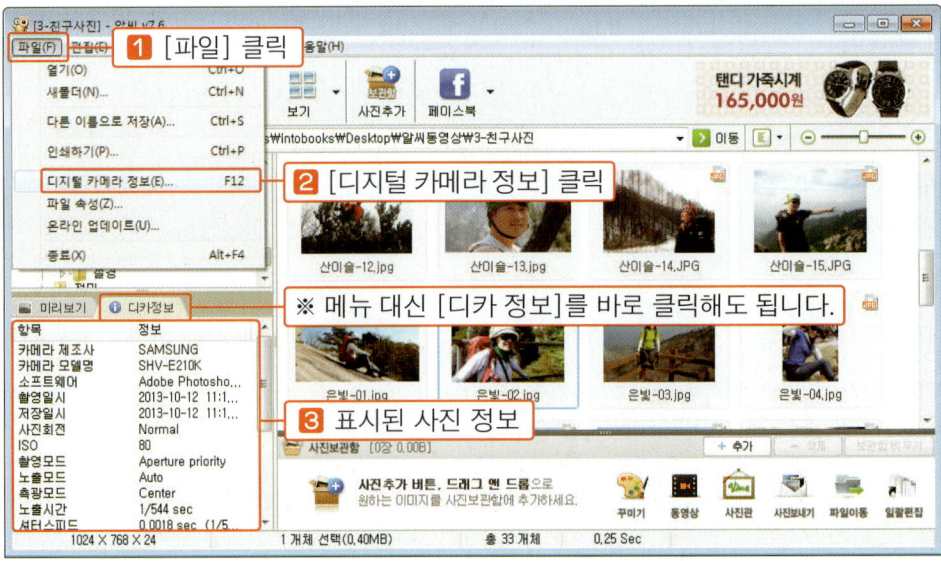

3.2 도구 아이콘을 이용한 작업

도구 아이콘을 이용한 작업은 주로 화면 상단에 배치된 도구 아이콘을 클릭하여 작업하는 방식입니다.

① 사진을 선택한 후, 크게 보기( ) 아이콘을 클릭하거나, 메뉴 [보기]-[크게 보기]를 클릭합니다.

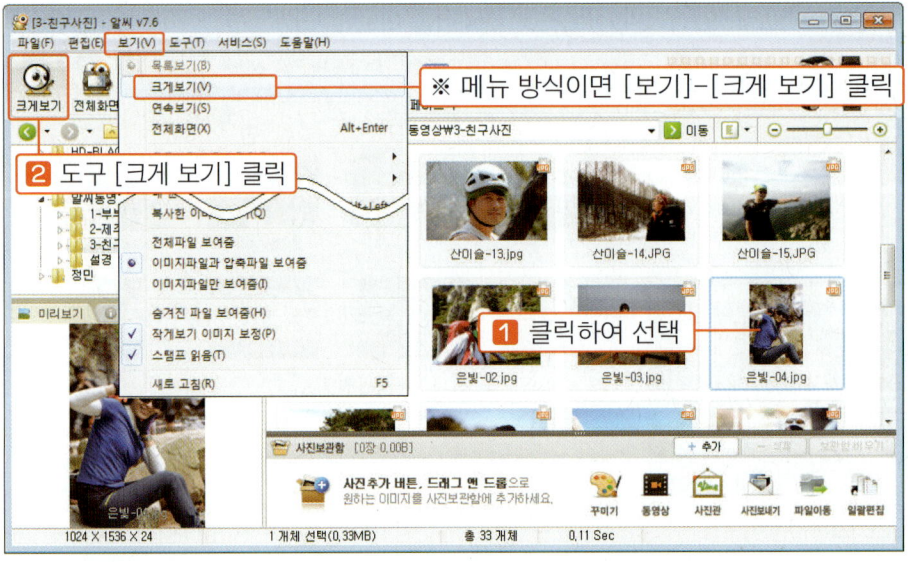

2 아래는 사진이 크게 보기 상태로 나타나면 ━━━━ 를 이용하여 확대/축소시킨 후, 사진을 드래그해서 원하는 곳을 표시한 것입니다.

노트 | 툴바 나타내기/없애기

- [크게 보기/전체 화면] 상태일 때 하단의 보기 툴바는 [항상 보기]의 체크 유무에 따라 표시 여부가 결정됩니다.
- 툴바가 화면에 나타나지 않을 때는 마우스를 사진 하단에 위치시키면 화면 제어 툴바가 나타납니다.
- [크게 보기/전체 화면] 상태의 창보다 사진이 클 때에만 사진을 마우스로 드래그하여 표시할 위치를 조정할 수 있습니다. 창 크기보다 사진이 작으면 모두 표시된 것이므로 사진 이동은 이루어지지 않습니다.

3.3 단축키를 이용한 작업

메뉴를 살펴보면 하위 메뉴 우측에 단축키가 표시되어 있는 것을 볼 수 있습니다. 단축키는 이를 암기하고 있어야 하는 단점은 있지만, 알고만 있으면 빠르게 작업할 수 있는 작업 방식입니다.

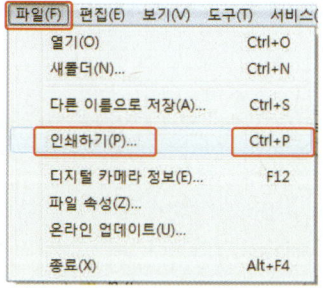

[파일] 메뉴를 예로 들어 살펴보면, [파일]-[인쇄하기]를 클릭하는 것은 키보드에서 Ctrl+P를 누르는 것과 같습니다. 이렇게 메뉴에 표시된 단축키를 사용하는 것이 단축키 작업 방식입니다.

1 인쇄할 사진을 선택하고 키보드에서 Ctrl+P를 누르거나 메뉴 [파일]-[인쇄하기]를 클릭합니다.

2 컴퓨터에 연결된 프린터 목록이 표시되면 [확인]을 클릭합니다.

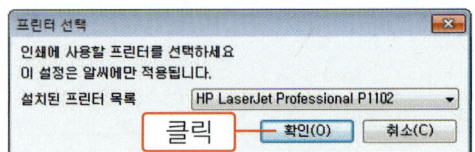

3 [인쇄] 창이 나타나면 좌측 미리 보기를 살펴보면서 [크기 설정]과 [여백/위치] 탭 등에서 원하는 설정을 하고 [인쇄] 버튼을 클릭하면 인쇄가 진행됩니다.

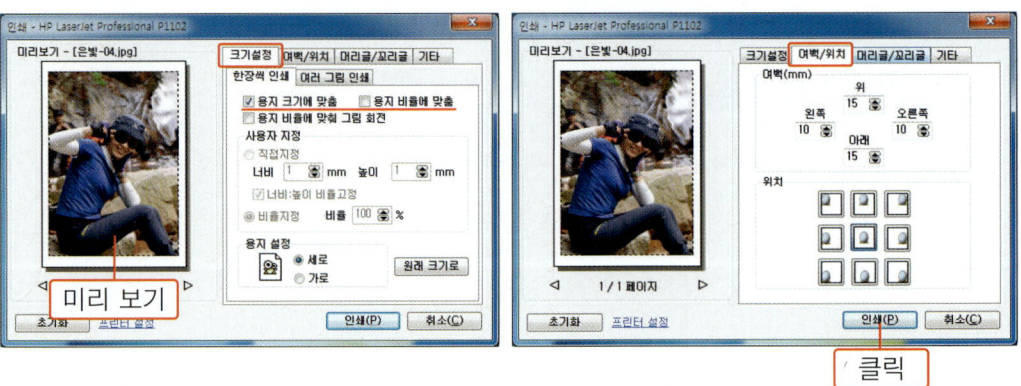

:: 노트 [사용자 지정]

[용지 크기에 맞춤]과 [용지 비율에 맞춤]을 사용하면 사진이 용지에 맞춰 인쇄됩니다. 작은 사진일 경우 너무 크게 인쇄될 수 있으므로 이때는 이 두 옵션을 모두 해제하고 [사용자 지정]의 비율에서 직접 지정하여 인쇄하기 바랍니다.

3.4 단축 메뉴를 이용한 작업

단축 메뉴 방식은 사진에서 마우스 우측 버튼을 클릭하여 나타나는 단축 메뉴를 이용하여 작업하는 것입니다.

1 아래는 특정 사진에서 마우스 우측 버튼을 클릭하여 나타난 단축 메뉴입니다.

2 앞서 진행했던 [크게 보기]나 [인쇄하기] 등을 단축 메뉴에서 선택하여 처리할 수 있습니다. 참고로 [디카 정보]는 단축 메뉴 [파일 속성]을 선택하여 [자세히] 탭에서 확인할 수 있습니다.

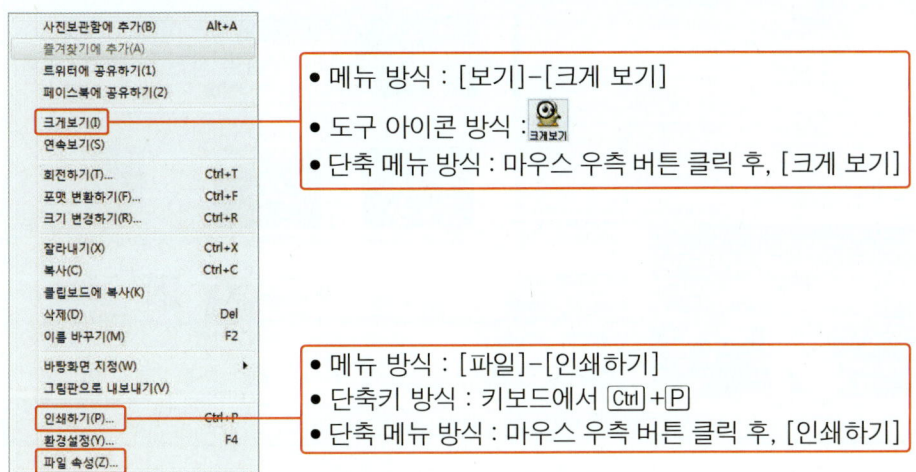

알씨로 사진 관리하기

03
Lesson

알씨 & 알씨 꾸미기 & 알씨 동영상 만들기

알씨는 단순히 사진을 편리하게 보는 기능 외에도 다른 유용한 기능을 갖고 있습니다. 그 기능들 중 몇 가지를 살펴보겠습니다.

❶ 사진 크기 변경하기

알씨에서 사진 크기 변경은 메뉴 [도구]-[크기 변경하기]에서 진행합니다. 이 작업은 알씨 기본 화면이나 크게 보기 화면 모두에서 동일하게 처리할 수 있습니다.

1 크기를 변경할 사진을 클릭하여 선택한 후, 메뉴 [도구]-[크기 변경하기]를 선택합니다.

2 [이미지 크기 변경] 창이 나타나면 비율과 해상도 등 다양한 방식으로 크기를 조절할 수 있습니다. 실습에서는 가로 폭을 1024로 지정하여 사진 크기를 변경하겠습니다.

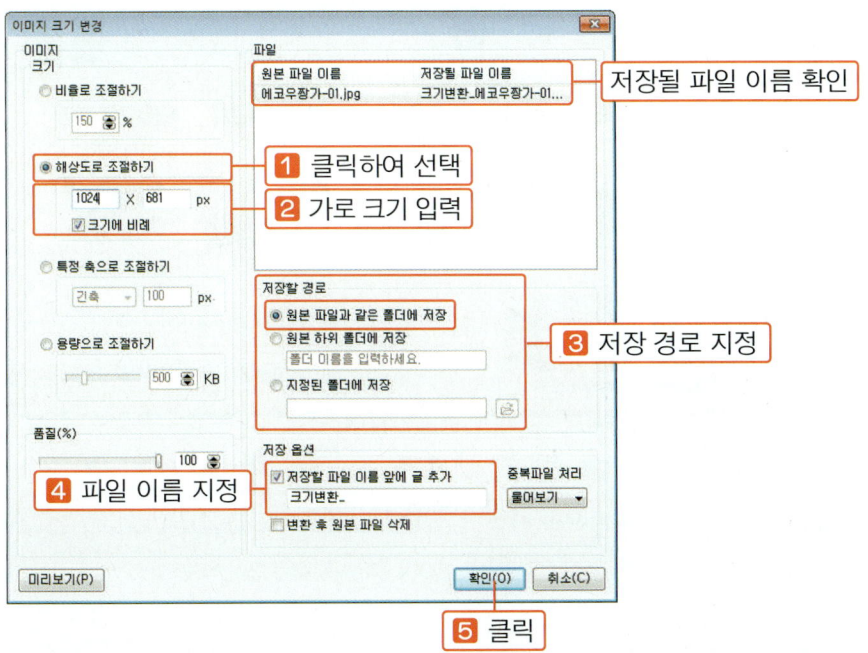

노트 [이미지 크기 변경] 창

- 비율로 조절하기 : 현재 사진과의 비율을 %로 지정하여 변경합니다.(예 : 150%는 50% 확대를 의미)
- 해상도로 조절하기 : 가로나 세로 폭 중 하나를 지정하되 원본 사진의 비례를 유지하기 위해 [크기에 비례]를 체크하여 사용합니다.
- 저장할 경로 : 저장할 위치로 [원본이 수록된 곳], [원본의 하위 폴더] 또는 [사용자가 지정한 경로]를 사용
- 저장할 파일 이름 앞에 글 추가 : 원본 파일과 구분하기 위해 특정 문구를 입력할 수 있습니다.

3 크기 변경이 이루어지면 [확인]을 클릭합니다.

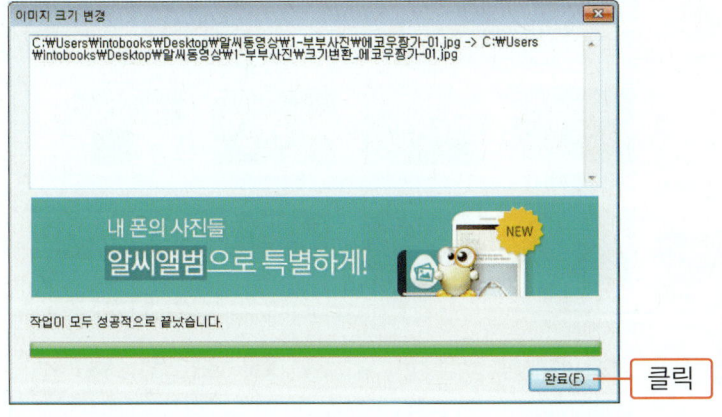

4 앞에서 설정한 대로 크기가 변경된 사진을 확인할 수 있습니다.

 사진 포맷 변경하기

일반적으로 디카나 스마트폰으로 촬영한 사진은 jpg 포맷을 갖습니다. 사용자가 특정 포맷으로 사진을 변경하고자 한다면, 메뉴 [도구]-[포맷 변환하기]를 이용합니다.

이번에는 사진 크기 변경 작업과는 달리 [크게 보기] 화면에서 실습해 보겠습니다.

1 작업할 사진을 선택하고 [크게 보기]를 누르거나 해당 사진을 더블 클릭합니다.

알씨로 사진 관리하기 03장 29

2 [크게 보기] 화면에서 메뉴 [도구]-[포맷 변환하기]를 클릭합니다.

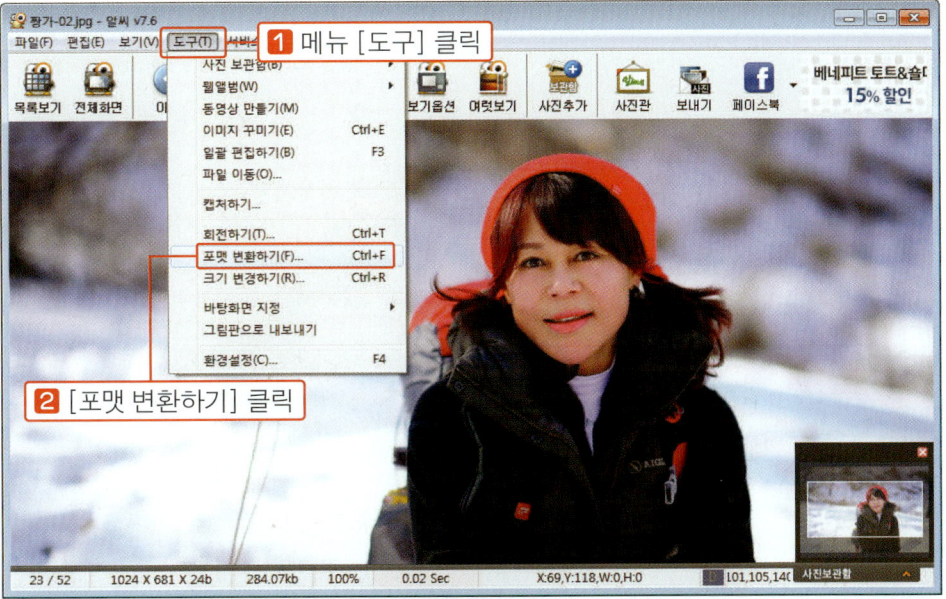

3 [이미지 포맷 변환] 창에서 변경할 포맷과 기타 설정을 지정하고 [확인]을 클릭합니다.

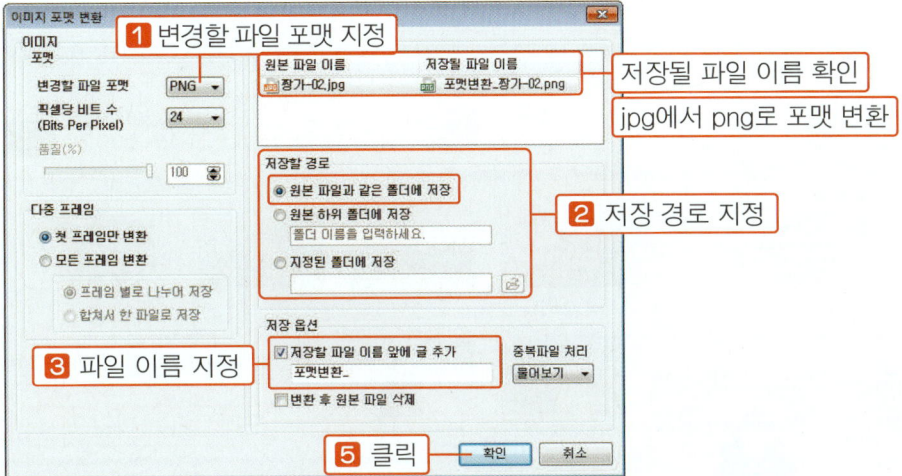

노트 [이미지 포맷 변환] 창

- 변경할 파일 포맷 : bmp, gif, jpg, pcx, tif 등의 포맷으로 변환할 수 있습니다.
- 픽셀당 비트 수 : 8bit로 낮추면 사진의 해상도가 떨어지므로 특별한 경우가 아니라면 24bit를 사용합니다.
- 저장할 경로 : 저장할 위치로 [원본이 수록된 곳], [원본의 하위 폴더] 또는 [사용자 지정한 경로]를 사용
- 저장할 파일 이름 앞에 글 추가 : 원본 파일과 구분하기 위해 특정 문구를 입력할 수 있습니다.
- 변환 후 원본 파일 삭제 : 원본을 보호하기 위해 특별한 경우가 아니라면 체크하지 않습니다.

4 변경이 완료되면 이를 확인하기 위해 [목록 보기]를 누르거나 Esc 키를 눌러 기본 화면으로 이동합니다.

5 기본 화면에서 포맷이 변경된 사진이 찾아서 결과를 확인합니다.

노트 사진 포맷 변경

사진 파일의 포맷을 변경할 경우는 많지 않습니다. 그러나 특별히 필요한 경우를 대비하여 작업 방식을 익혀 두기 바랍니다.

3 사진 회전시키기

사진을 찍다 보면 세로 방향으로 찍는 경우도 많습니다. 특히 스마트폰의 세로 방향 촬영은 뒤집혀서 화면에 나타나는 사진들이 많습니다. 이런 사진을 알씨에서 회전시켜 정방향으로 맞춰 줄 수 있습니다.

[촬영된 원본 사진]

[회전시켜 완성한 사진]

1 알씨에서 회전시킬 사진을 클릭하여 선택한 후, 90°회전( )을 클릭합니다.

1 작업할 사진을 클릭하여 선택
2 [90°회전] 클릭

선택한 사진의 크기 정보

2 회전 작업이 이루어지기 전의 사진을 [알씨원본]이라는 하위 폴더에 저장한다는 메시지입니다. 아래 메시지 창이 나타나면 [닫기]를 클릭합니다.

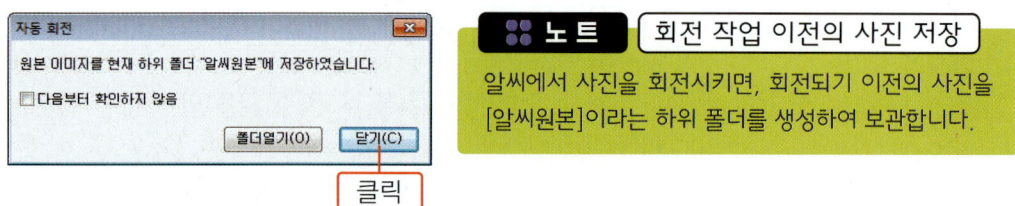

> **노트** 회전 작업 이전의 사진 저장
> 알씨에서 사진을 회전시키면, 회전되기 이전의 사진을 [알씨원본]이라는 하위 폴더를 생성하여 보관합니다.

3 사진을 보면 세로 방향으로 수정되었습니다. 아울러 회전 작업 이전의 원본 사진은 [알씨원본]이란 폴더에 보관되어 있음을 알 수 있습니다. [알씨원본] 폴더를 더블 클릭합니다.

4 [알씨원본] 폴더에 회전시키기 이전의 원본 사진이 저장되어 있음을 확인할 수 있습니다.

④ 사진 이름 일괄 변경하기

디카로 촬영한 사진은 [디카 고유 명칭+일련번호]로, 스마트폰은 [촬영날짜+일련번호] 등으로 파일명이 지정되는 경우가 대부분입니다.

사진 파일명에 기본적으로 붙는 정보보다는 촬영한 장소 등이 나타나면 다른 사진들과도 구별하기 좋고 관리도 편해집니다.

단순히 파일 하나의 파일명 변경은 윈도우에서도 손쉽게 처리할 수 있습니다. 그러나 사진은 여러 장을 촬영하는 경우가 대부분이어서, 많은 사진의 파일명 변경은 귀찮고 힘든 작업입니다.

이렇게 여러 장의 사진 이름 변경 작업을 손쉽게 처리해 주는 기능이 알씨의 일괄 이름 바꾸기 기능입니다.

1 작업할 폴더로 이동한 후, 키보드에서 Ctrl+A를 누르거나 메뉴 [편집]-[모두 선택]을 클릭합니다.

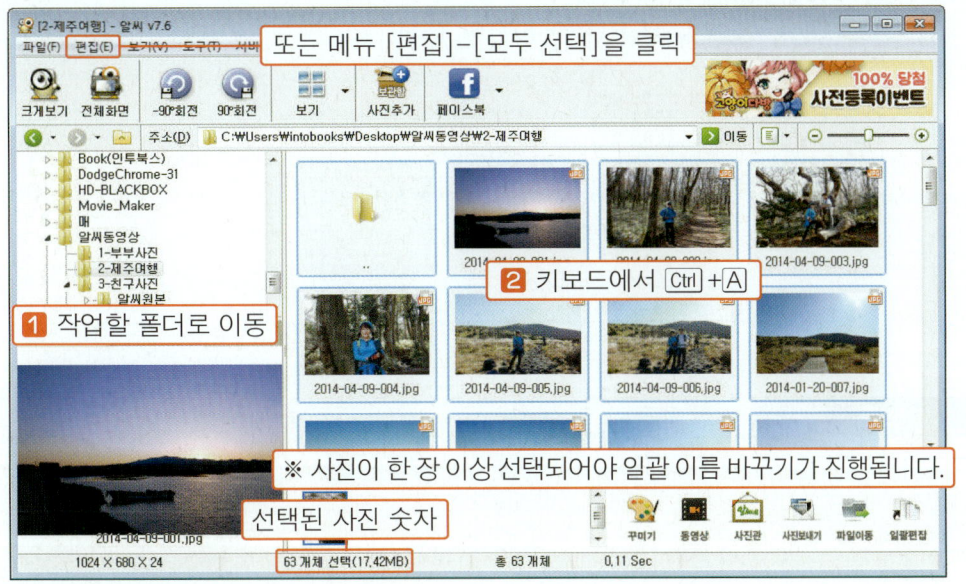

34 알씨 ➕ 알씨 꾸미기 ➕ 알씨 동영상 만들기

2 사진이 모두 선택되었으면 메뉴 [편집]-[이름 바꾸기]를 클릭합니다.

3 [일괄 이름 바꾸기] 창이 나타나면 변경할 이름에 대한 설정을 하고 [시작]을 클릭합니다.

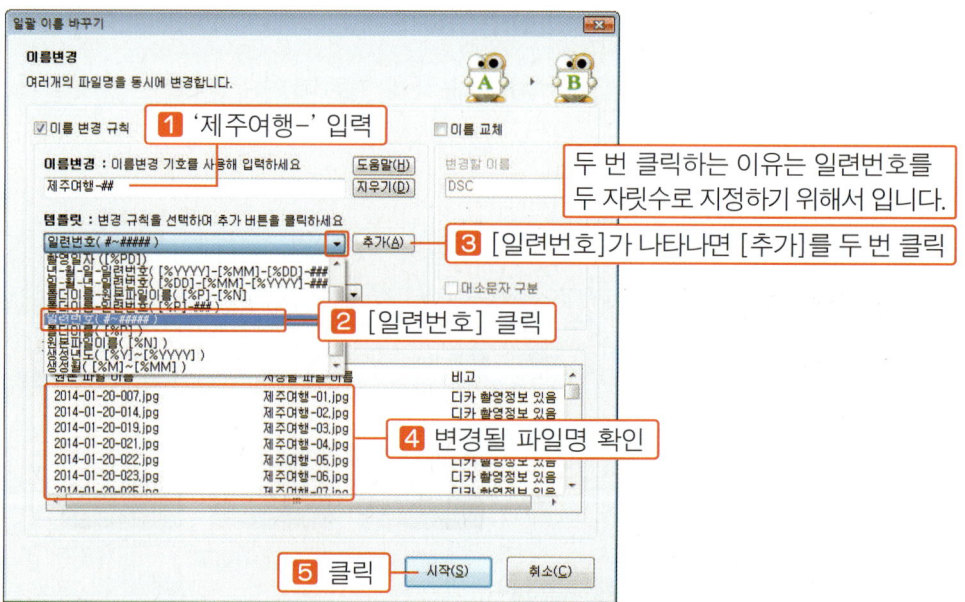

노트 | 이름 변경 템플릿

장소, 사람 이름 등은 사용자가 직접 입력해야 하지만, 촬영일자, 년-월-일-일련번호 등은 알씨에서 템플릿으로 제공하고 있습니다. 템플릿에서 선택하거나 약속된 기호를 직접 입력할 수도 있습니다.

- # : 일련번호(자릿수만큼 #을 사용)   [%PD] : 촬영일자

4 기존 [년-월-일-일련번호] 형태의 사진 이름이 설정한 [제주여행-일련번호]순으로 변경된 것을 확인할 수 있습니다.

■ 사진 파일 이름 지정

사진 파일의 이름 관리는 사용자의 취향에 따라 지정하면 됩니다. 필자는 아래와 같이 [여행지(촬영년월)-일련번호] 형태로 변경하여 관리하는 것을 추천 드립니다.

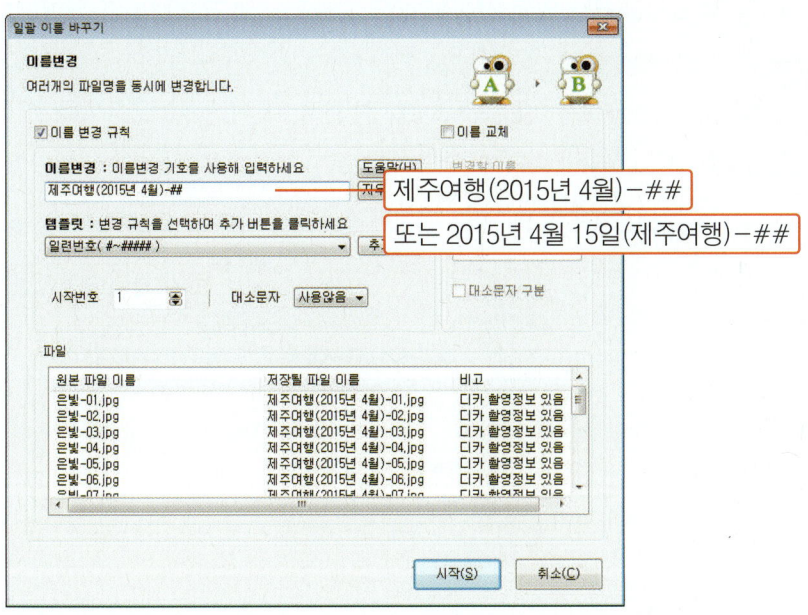

❺ 사진 이동하기

사진의 이동은 윈도우에서 [잘라 내기] 한 후, 원하는 폴더에 [붙여넣기]를 하면 됩니다. 윈도우에서 수행할 수 있는 이동 작업을 알씨에서 보다 편리하게 수행할 수 있습니다.

1 이동할 사진을 선택한 후, 메뉴 [도구]-[파일 이동]을 선택하거나 하단의 파일이동 을 클릭합니다.

2 이동은 [지정된 경로로 파일 이동]을, 복사하려면 [지정된 경로로 파일 복사]를 선택하고, 작업을 진행합니다. 이동 및 복사에서는 위치 지정이 매우 중요하므로 유의하여 진행합니다.

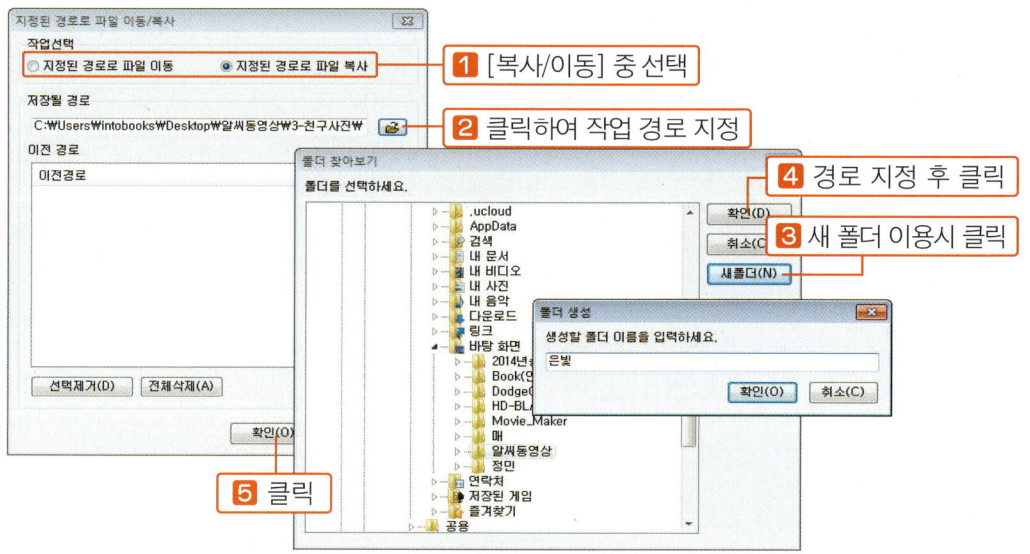

3 위 작업에서 새롭게 만든 [은빛]이란 폴더에 사진이 복사/이동된 것을 확인할 수 있습니다.

❻ 사진 삭제/복사/잘라 내기

삭제/복사/잘라 내기 작업은 윈도우에서도 흔히 수행하는 작업이며, 이 작업을 알씨에서도 수행할 수 있습니다. 윈도우에서의 작업과 크게 다르지 않으므로 간단하게 설명하겠습니다.

1 삭제를 테스트하기 위해 원하는 사진이나 폴더를 선택한 후, 키보드에서 Delete 키를 누르거나 메뉴 [편집]-[삭제]를 클릭합니다.

2 [파일 삭제] 창이 나타나면 [예]를 클릭합니다.

3 [은빛]이란 폴더가 삭제된 모습입니다.

노트 | 알씨에서의 파일 관리

윈도우에서의 파일 복사(Ctrl+C), 붙여넣기(Ctrl+V), 잘라 내기(Ctrl+X) 등은 알씨뿐만 아니라 윈도우에서 구동되는 대부분의 프로그램에서도 동일하게 사용할 수 있습니다. 파일 관리의 기본 작업들은 메뉴 [편집]과, 마우스 우측 버튼을 눌러 나타나는 단축 메뉴 등에서도 작업할 수 있습니다.

4 복사 작업을 실습하기 위해 사진을 선택한 후, 키보드에서 Ctrl+C를 누르거나 메뉴 [편집]-[복사]를 클릭합니다.

5 복사할 폴더로 이동한 후, 메뉴 [편집]-[붙여넣기]나, 키보드에서 Ctrl+V, 또는 마우스 우측 버튼을 눌러 [붙여넣기]를 선택합니다.

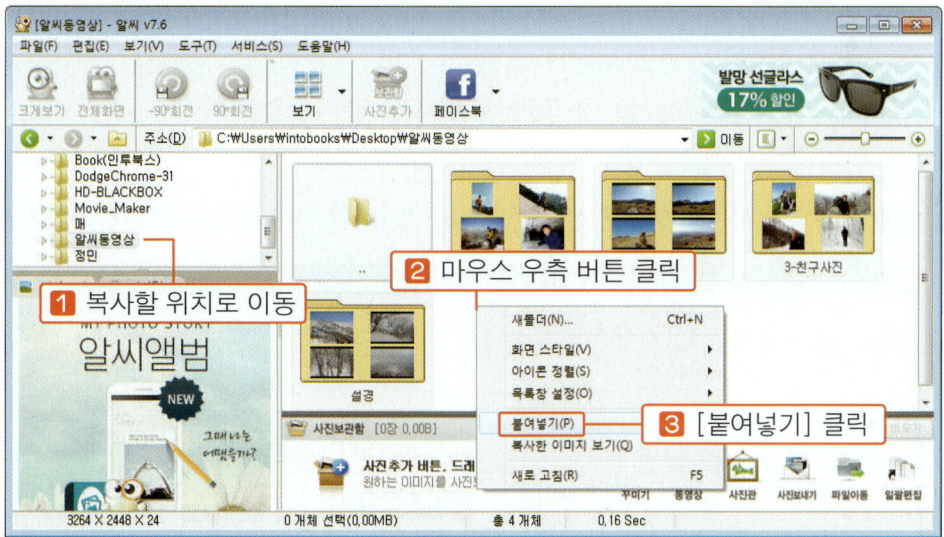

> **노트** 작업 위치 지정
>
> 윈도우나 알씨에서 [복사]/[잘라 내기] 후 [붙여 넣기] 작업은 작업할 위치를 정확히 지정하고, 또 기억하는 것이 매우 중요합니다. 항상 작업할 위치에 유의하여 진행하기 바랍니다.

복사한 위치(경로/폴더)로 이동하여 작업 결과를 확인합니다.

❼ 사진을 바탕 화면 배경으로 지정하기

윈도우 운영체제에서 바탕 화면에 사진을 배경으로 사용할 수 있습니다. 이를 윈도우가 아닌 알씨에서 처리하려면 [도구]-[바탕 화면 지정]을 이용합니다.

1 바탕 화면으로 지정할 사진을 선택한 후, [도구]-[바탕 화면 지정]-[가운데]를 클릭합니다.

2 윈도우에서 바탕 화면을 확인하면 지정한 사진이 배경으로 설정된 것을 알 수 있습니다.

변경된 바탕 화면의 배경 사진

■ 윈도우에서 바탕 화면에 배경 지정하기

위에서는 윈도우에서 처리 가능한 바탕 화면 배경 지정을 알씨에서 처리해 보았습니다. 그러나 배경 사진을 윈도우의 기본 화면으로 되돌리는 작업은 다시 윈도우의 기능을 활용해야 합니다.

1 변경된 바탕 화면을 윈도우의 기본 화면으로 다시 변경하겠습니다. 윈도우의 바탕 화면 빈 곳에서 마우스 우측 버튼을 눌러 [개인 설정]을 클릭합니다.

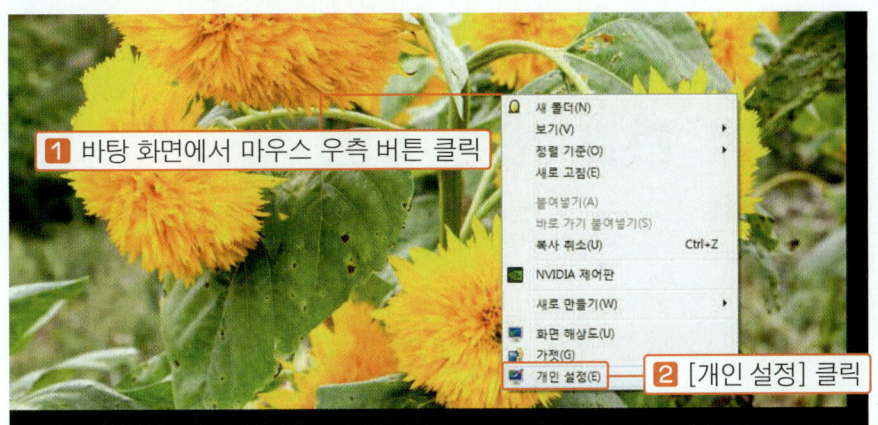

1 바탕 화면에서 마우스 우측 버튼 클릭
2 [개인 설정] 클릭

2 [제어판]-[모양 및 개인 설정]-[개인 설정]이 나타나면 하단의 [바탕 화면 배경]을 클릭합니다.

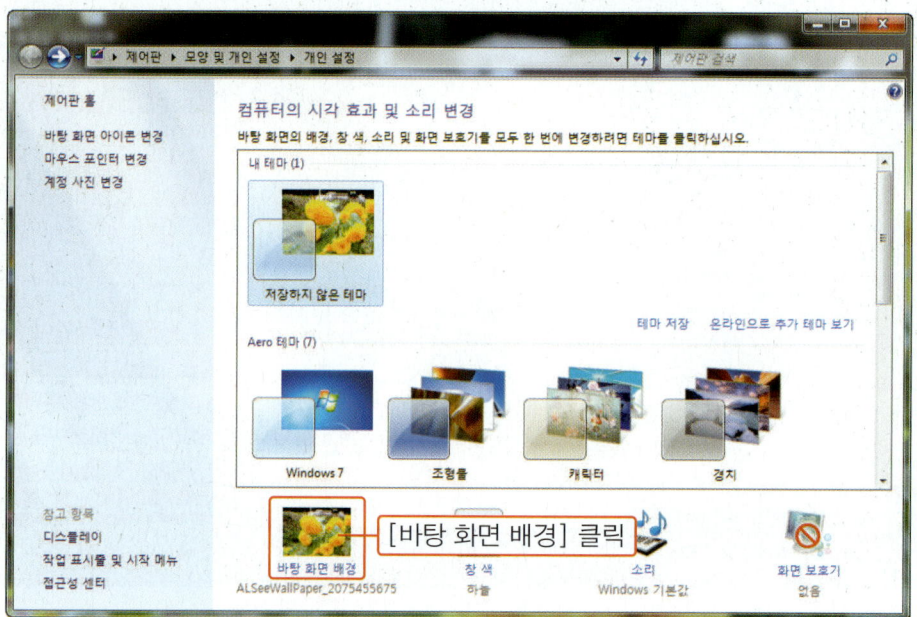

3 [Windows 바탕 화면 배경]을 선택하고, [Windows]를 클릭한 후, [변경 내용 저장]을 클릭하고 창을 닫습니다.

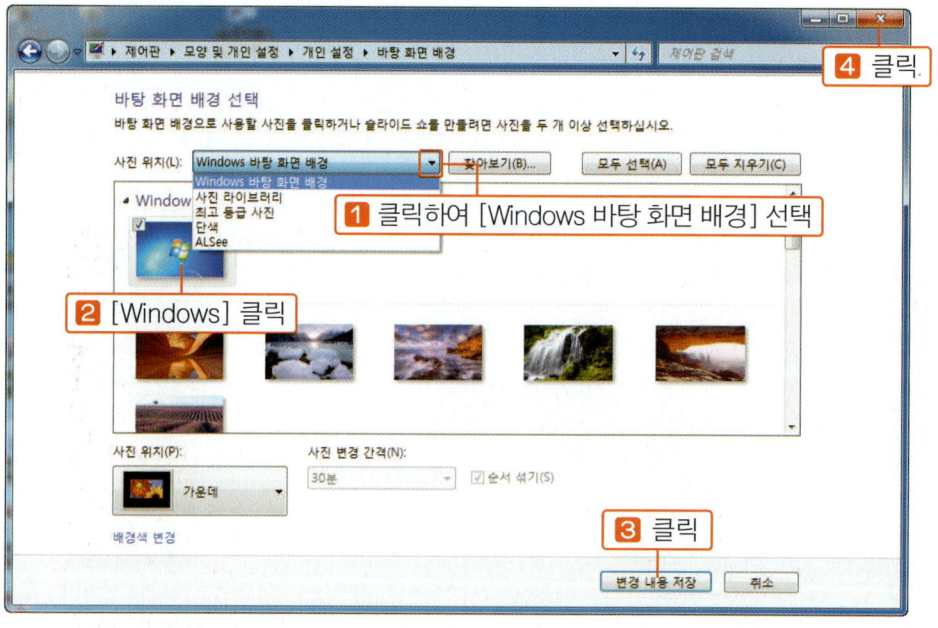

4 바탕 화면의 배경이 윈도우의 기본으로 변경되었습니다.

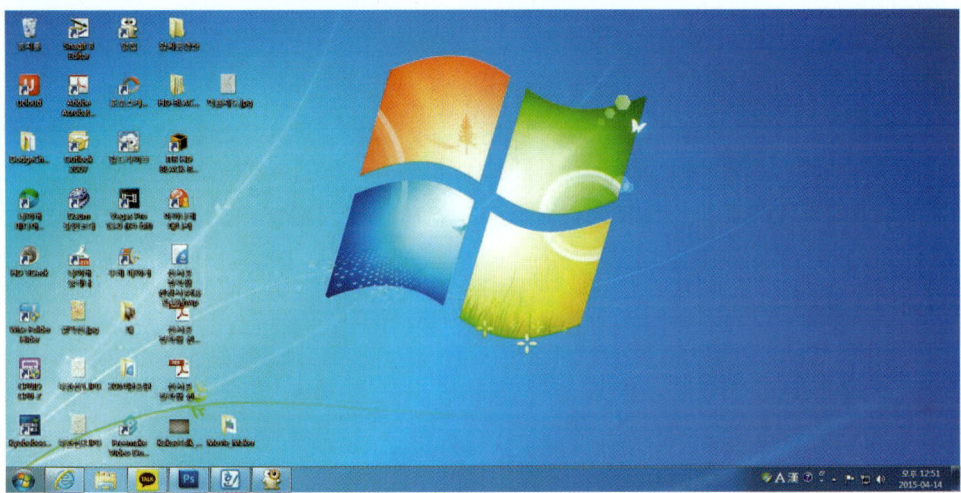

■ 알씨 도움말 및 알툴즈 사이트

- 알씨 도움말 사이트 : http://cdn.estsoft.com/altools/help/alsee/76/help.html
- 알툴즈 사이트 : www.altools.co.kr

[알씨], [알씨 꾸미기], [알씨 동영상 만들기]를 사용 도중 도움말이 필요하다면 메뉴 [도움말]을 선택하거나 키보드의 F1 을 누르면 도움말 사이트가 나타납니다.

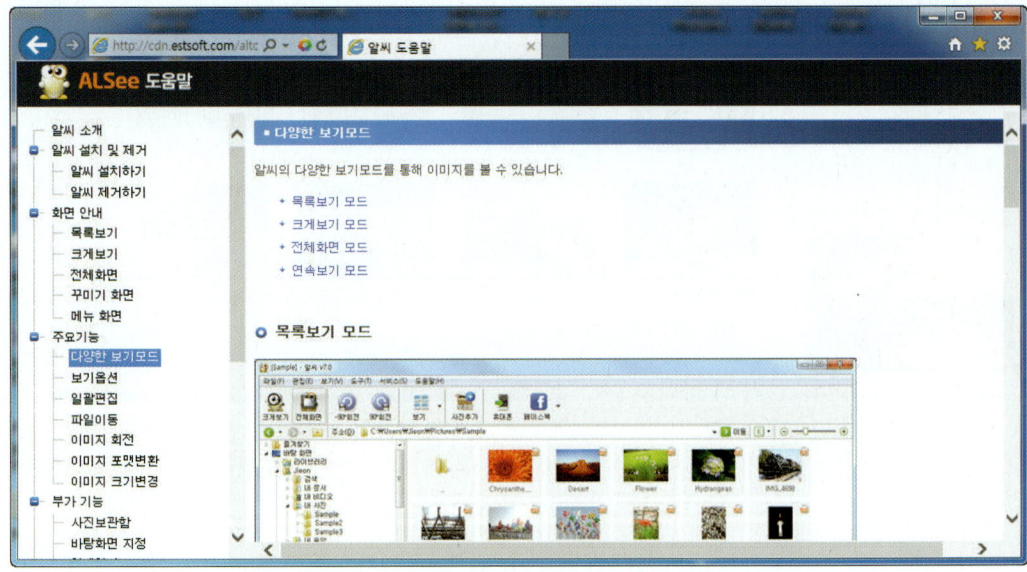

[알씨 도움말 사이트]

알씨네 사진관 이용하기

04 Lesson

알씨 & 알씨 꾸미기 & 알씨 동영상 만들기

요즘은 사진을 단순히 PC나 핸드폰에만 보관하는 분들이 많습니다. 사진을 인화하거나 포토 앨범, 포토 캘린더, 머그컵 등으로 제작하면 영원히 추억될 사진을 소중하게 간직할 수 있습니다.

[알씨]에서 [사진관]을 클릭하면 다양한 부가 서비스를 활용할 수 있습니다.

클릭하여 [알씨네 사진관]으로 이동

[사진관]을 클릭하여 나타나는 화면에서 ALSee에 회원 가입을 하고, 어떤 서비스를 제공하는지를 살펴서 사진을 인화하거나 기념품(포토 앨범, 캘린더, 머그컵 등)으로 제작하여 보관하기 바랍니다.

■ 사진 인화 서비스

[예: 증명사진 세트]

■ 사진 앨범 서비스

■ 사진 기념품 서비스

Part 02
알씨 꾸미기로 사진 편집하기

Lesson 05 알씨 꾸미기 실행하기

Lesson 06 사진에 액자 넣기
- 사진에 액자 넣기

Lesson 07 사진에 글상자/스티커 넣기
- 사진에 글쓰기
- 사진에 스티커 넣기

Lesson 08 사진에 보정/필터/효과 주기
- 사진 보정하기
- 사진에 필터 적용하기
- 소프트 포커스/모자이크/적목 제거

Lesson 09 사진 크기 변경과 자르기
- 사진 크기 변경하기/사진 자르기

알씨 & 알씨 꾸미기 & 알씨 동영상 만들기

알씨 꾸미기 실행하기

05 Lesson

[알씨]가 사진을 보는 작업과 약간의 편집 기능을 갖고 있다면 [알씨 꾸미기]는 본격적으로 사진 편집을 할 수 있는 프로그램입니다.

① 알씨 꾸미기 실행하기

알씨를 실행하려면 윈도우 하단의 [시작( )]을 클릭한 후, [모든 프로그램]에서 [알씨 꾸미기]를 클릭하거나 바탕 화면에 생성된 [알씨 꾸미기] 아이콘을 더블 클릭합니다.

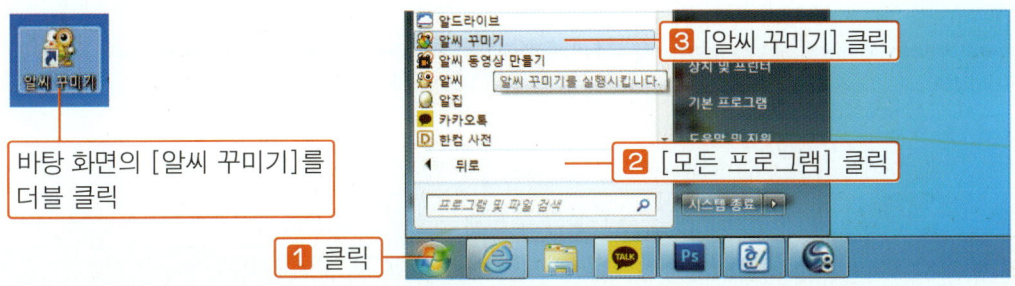

또는 사진에서 마우스 우측 버튼을 클릭하여 나타나는 단축 메뉴에서 [알씨 꾸미기로 보기]를 선택해도 됩니다.

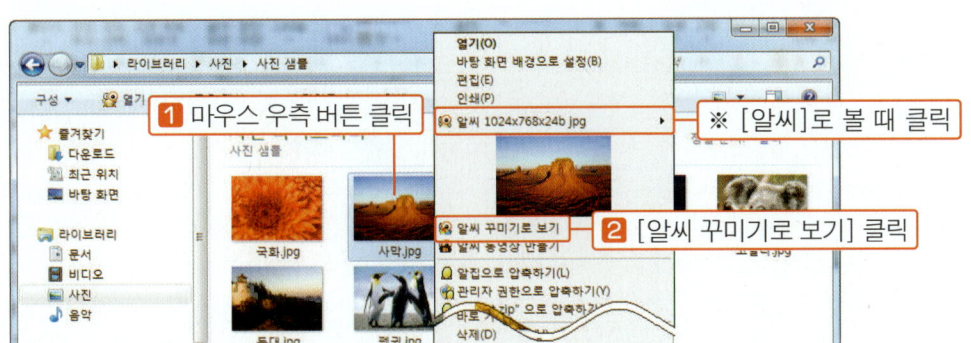

사진을 선택하지 않은 채, [알씨 꾸미기]를 실행하면 아래와 같은 초기 화면이 나타납니다. 사진을 선택한 후, 마우스 우측 버튼을 클릭하여 [알씨 꾸미기로 보기]를 선택했다면 해당 사진이 화면에 나타나게 됩니다.

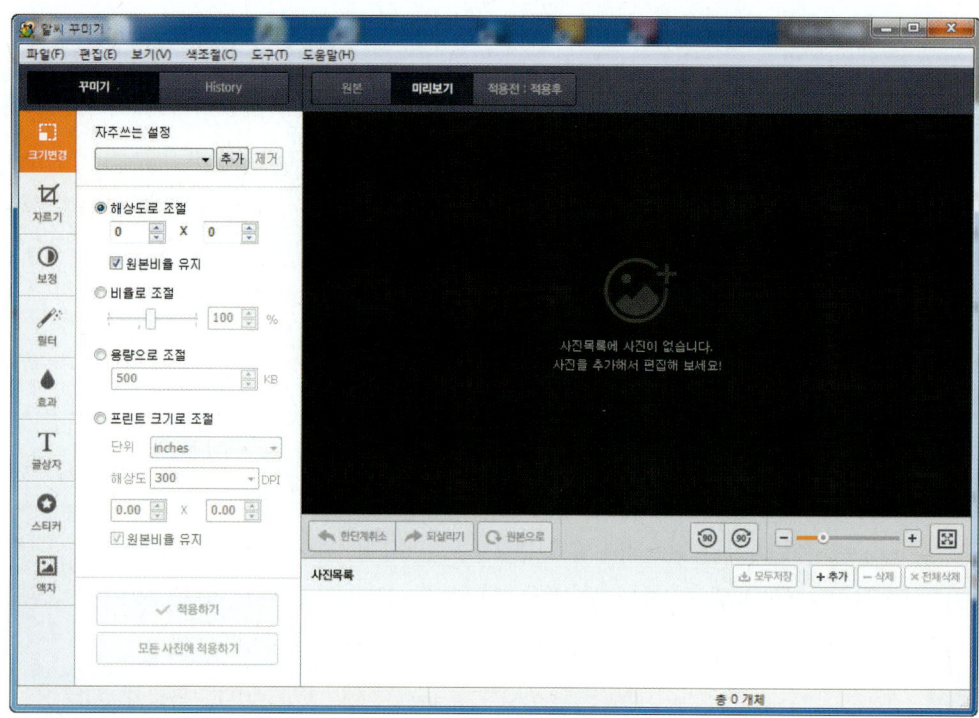

[알씨 꾸미기] 초기 화면

노트 — 알씨/알씨 꾸미기/알씨 동영상 만들기의 실행

본서에서 다루는 알씨, 알씨 꾸미기, 알씨 동영상 만들기의 실행 방법은 모두 동일합니다.

- 바탕 화면의 각각의 실행 아이콘 더블 클릭
- 윈도우의 [시작( )] 버튼에서 실행할 프로그램 선택
- 사진에서 마우스 우측 버튼을 클릭하여 실행할 프로그램 선택

❷ 알씨에서 알씨 꾸미기로 이동하기

[알씨 꾸미기]는 지금까지 학습했던 알씨와도 연동되어 있어서, [알씨]에서 [알씨 꾸미기]로 바로 이동할 수 있습니다.

 알씨 화면에서 사진을 선택한 후, 하단의 [꾸미기]를 클릭합니다.

❷ 선택한 사진이 알씨 꾸미기 화면에 나타난 결과입니다.

[알씨]에서 [알씨 꾸미기]로 이동하였으면 [알씨 꾸미기] 창을 닫으면 다시 [알씨]로 되돌아갑니다.

[알씨 꾸미기]를 단독으로 실행했을 때는 [알씨]로 되돌아가지 않습니다.

알씨 & 알씨 꾸미기 & 알씨 동영상 만들기

사진에 액자 넣기

06
Lesson

알씨 꾸미기의 여러 기능 중 먼저 사진에 액자를 넣는 작업을 살펴보겠습니다.

❶ 사진에 액자 넣기

1 알씨 꾸미기에 사진이 나와 있지 않다면 [+추가] 버튼이나 화면 중앙의 를 눌러 작업할 사진을 가져옵니다.

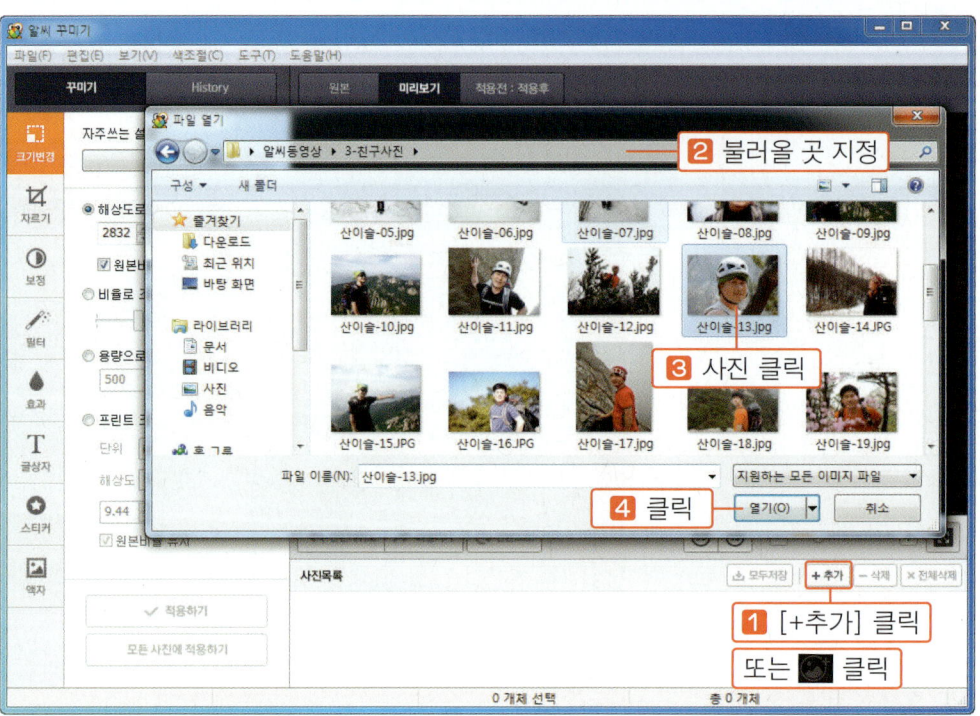

2 [액자]를 클릭한 후, 나타난 액자에서 사용할 액자로 [마우스패드]를 선택합니다.

3 액자를 설정했으면 저장하기 위해 [모두 저장]을 클릭합니다.

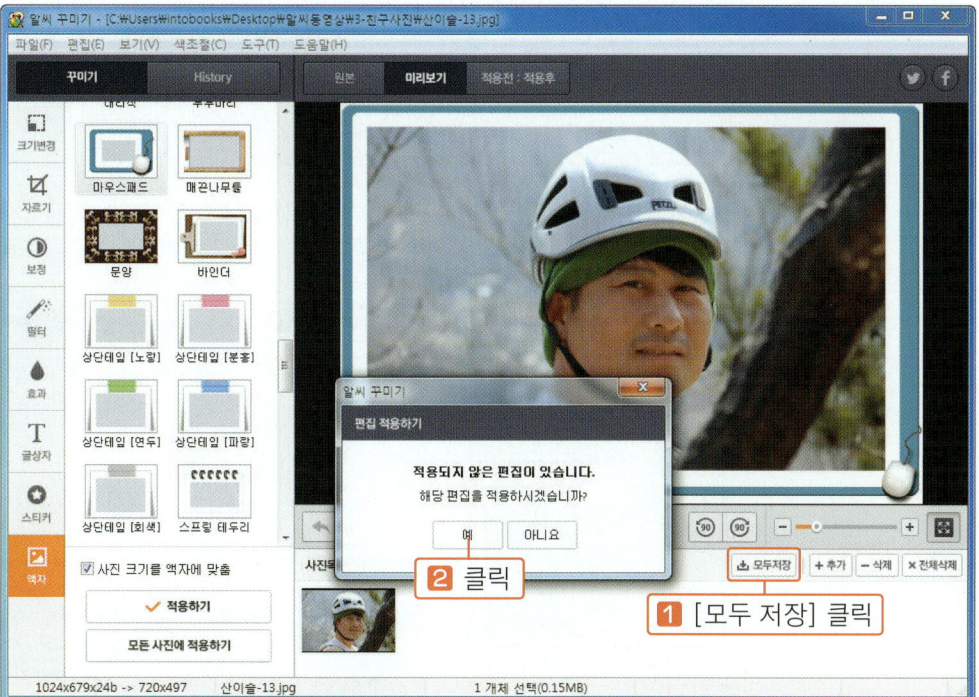

4 [모두 저장] 창이 나타나면 [저장할 경로]와 [저장할 파일 이름] 등을 지정하고 [확인]을 클릭합니다.

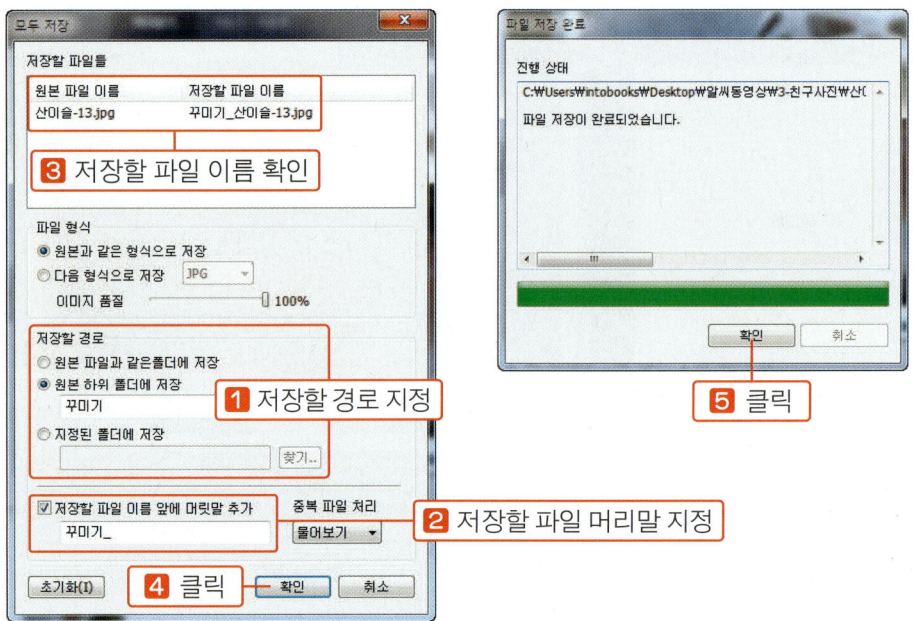

5 알씨나 윈도우에서 저장한 경로로 이동하여 확인하면, 액자가 적용된 사진을 볼 수 있습니다.

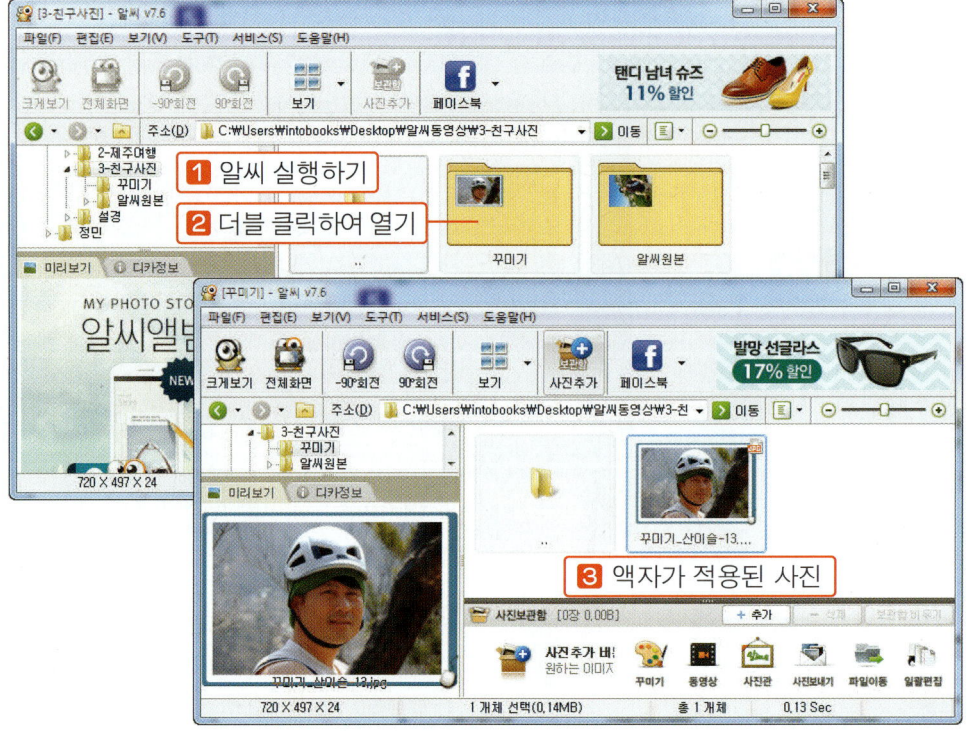

■ 알씨 꾸미기의 [모두 저장] 옵션

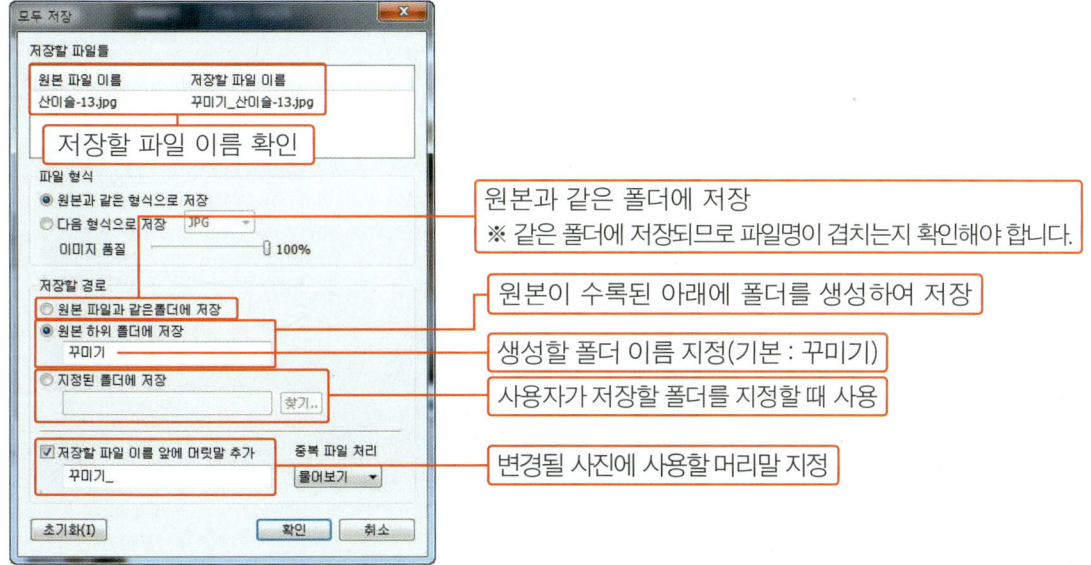

❷ 여러 장의 사진에 액자 넣기

동시에 여러 장의 사진을 불러 놓고 액자를 적용할 수도 있습니다. 이때는 사진에 액자를 지정하고 [적용하기] 버튼을 누른 후, 다른 사진으로 이동해야 작업이 수월합니다.

1 알씨 꾸미기에서 [+추가] 버튼이나 화면 중앙의 ▨를 눌러 작업할 사진을 여러 장 가져옵니다.

2 작업할 사진을 선택하고 [액자]에서 [헝겊 액자]를 선택하고 [적용하기]를 클릭합니다.

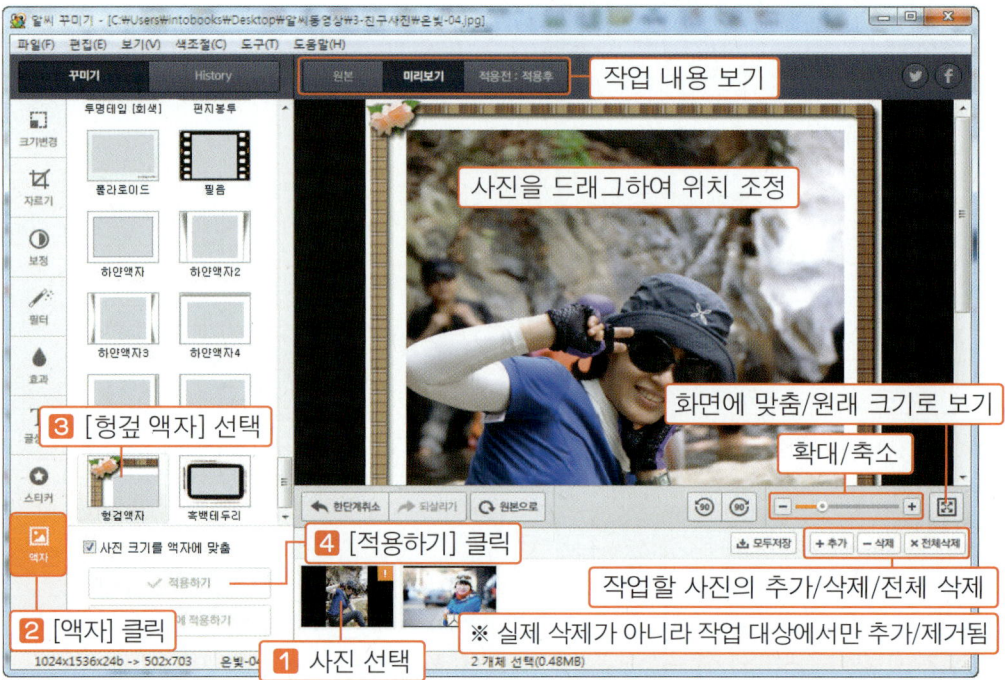

3 다른 사진을 클릭하고, [액자]에서 [칠판]을 선택한 후 [적용하기]를 누릅니다.

사진에 액자 넣기 06장

4 액자 지정을 마쳤으면 [모두 저장]을 누른 후, 저장할 경로와 이름 등을 설정하여 저장합니다.

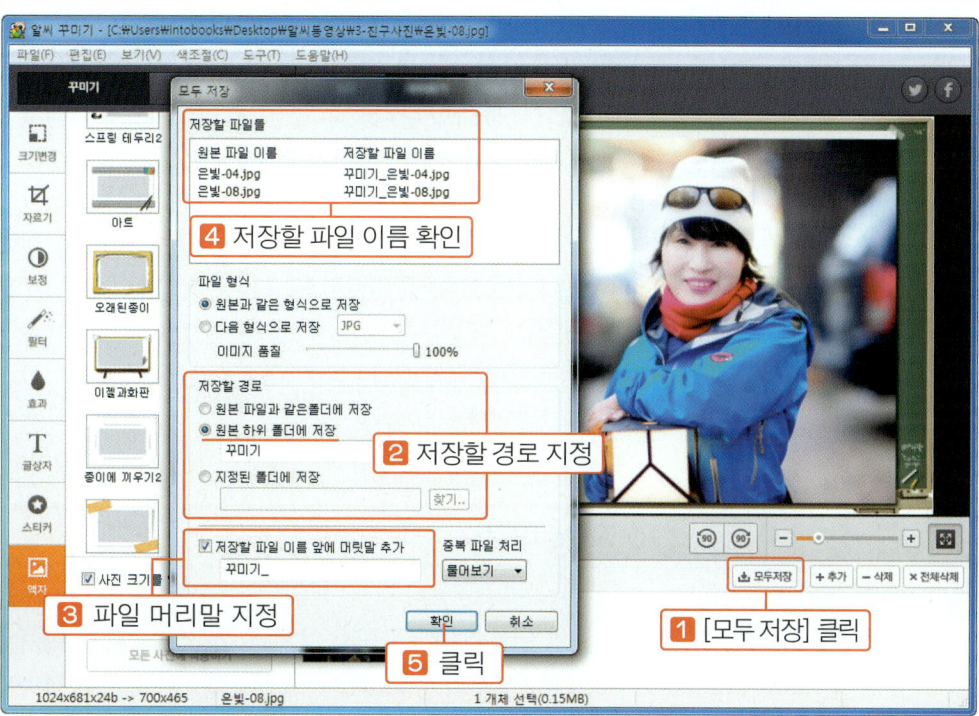

5 알씨나 윈도우에서 저장한 경로로 이동하여 확인하면, 액자가 적용된 사진을 볼 수 있습니다.

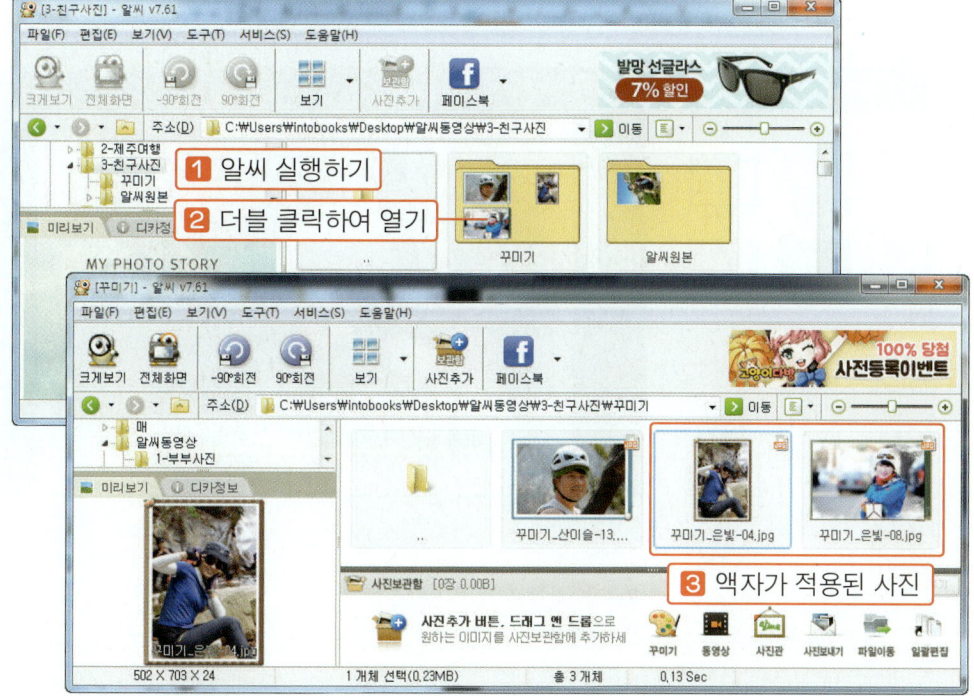

■ 액자 선택한 후, [적용하기]

액자를 선택하여 지정한 후, [적용하기]를 클릭해 주지 않고 다른 사진으로 이동하거나 [모두 저장]을 클릭하면 아래의 메시지가 나타납니다. 이때 현재의 편집을 적용하려면 [예]를, 적용하지 않으려면 [아니요]를 선택합니다.

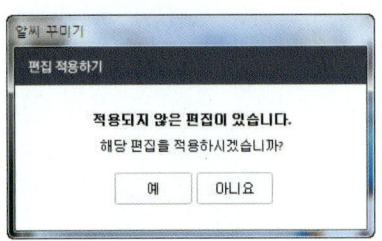

이런 메시지를 나타나지 않게 하려면 편집 작업 후 [적용하기] 버튼을 누른 후, 다른 작업을 계속 진행하면 됩니다.

❸ 한 장에 여러 액자 사용하기

한 장의 사진에 여러 개의 액자를 지정하려면, 사진에 액자를 지정한 후, [적용하기] 버튼을 누르고 또 다시 다른 액자를 선택하여 지정합니다. 이 과정을 반복하면 여러 개의 액자를 사진에 적용할 수 있습니다.

1 작업할 사진을 추가한 후, [액자]에서 [투명 액자3]을 지정하고 [적용하기]를 클릭합니다.

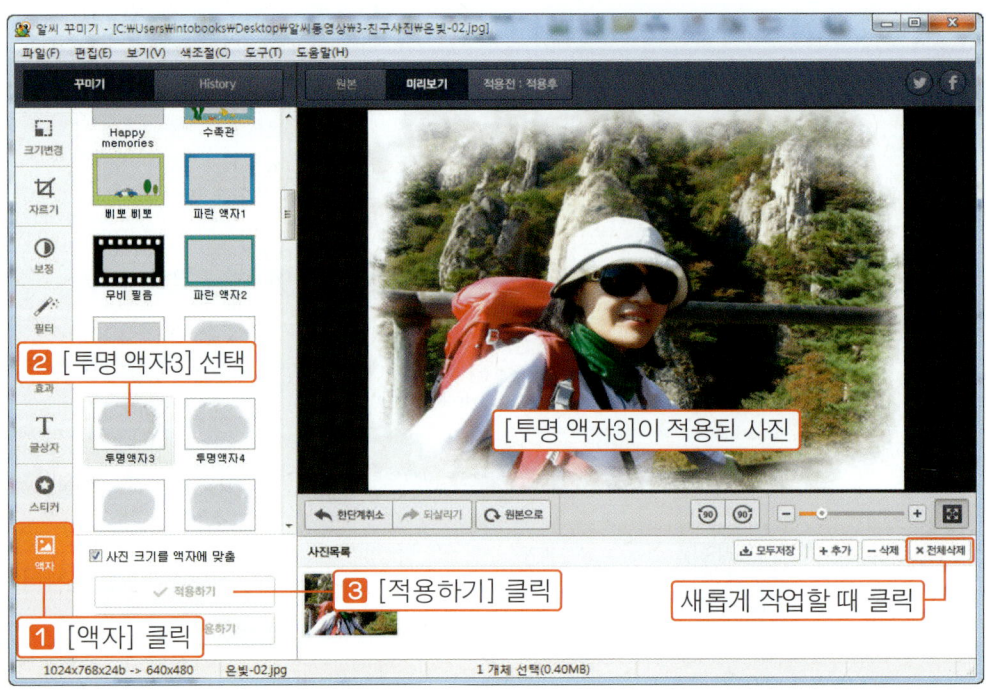

2 이미 액자가 적용된 사진에, 추가로 [삐뽀 삐뽀] 액자를 지정하고 [적용하기]를 클릭합니다.

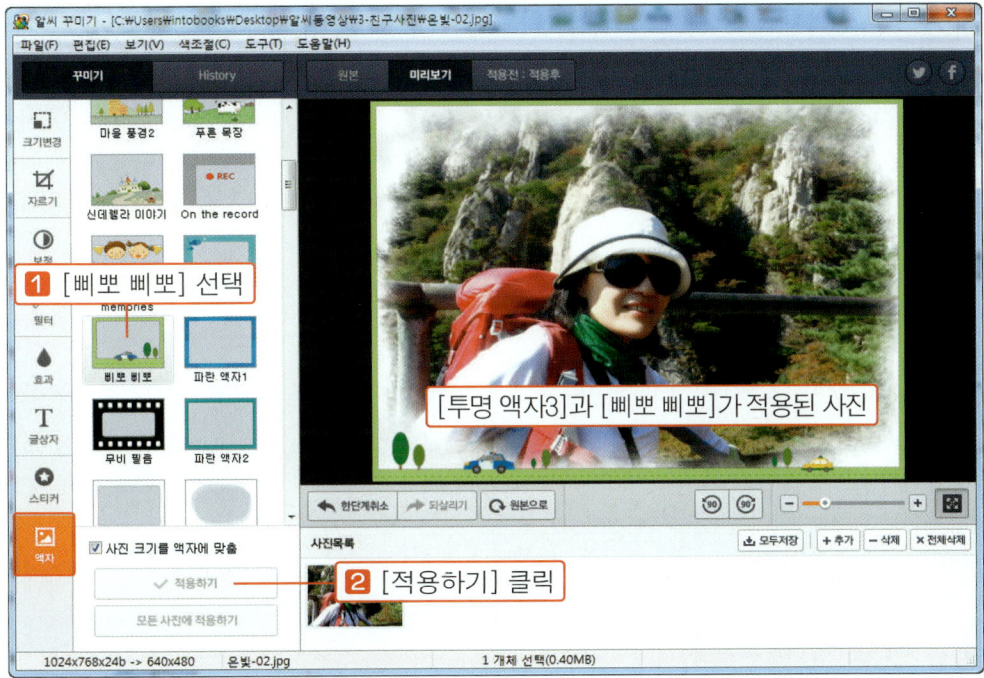

■ 작업 중 원본으로 되돌리기/취소 및 되살리기

작업 중 잘못된 편집을 하였으면 [한 단계 취소]나 [원본으로]를 눌러 다시 작업할 수 있습니다. 단, 저장이 이루어진 후에는 작업을 취소하거나 원본으로 되돌릴 수 없습니다.

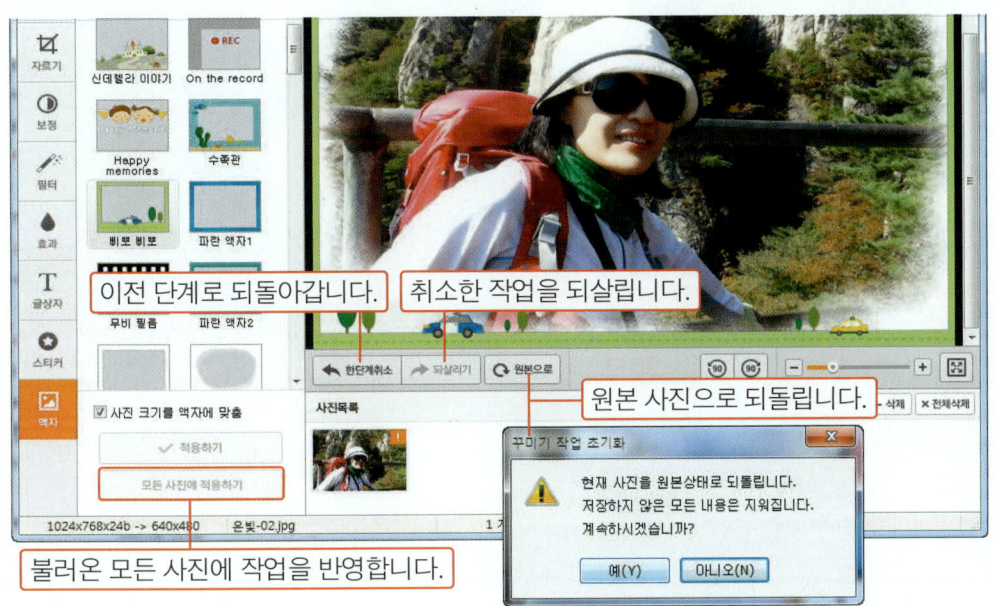

사진에 글상자/스티커 넣기

07 Lesson

알씨 & 알씨 꾸미기 & 알씨 동영상 만들기

알씨 꾸미기에서는 사진에 글을 쓰거나 다양한 모양의 스티커를 넣을 수 있습니다. 이번 레슨에서는 글상자와 스티커 넣기를 살펴보겠습니다.

❶ 사진에 글쓰기

1 [+추가]를 눌러 작업할 사진을 불러온 후, [글상자]를 선택하여 내용을 입력합니다.

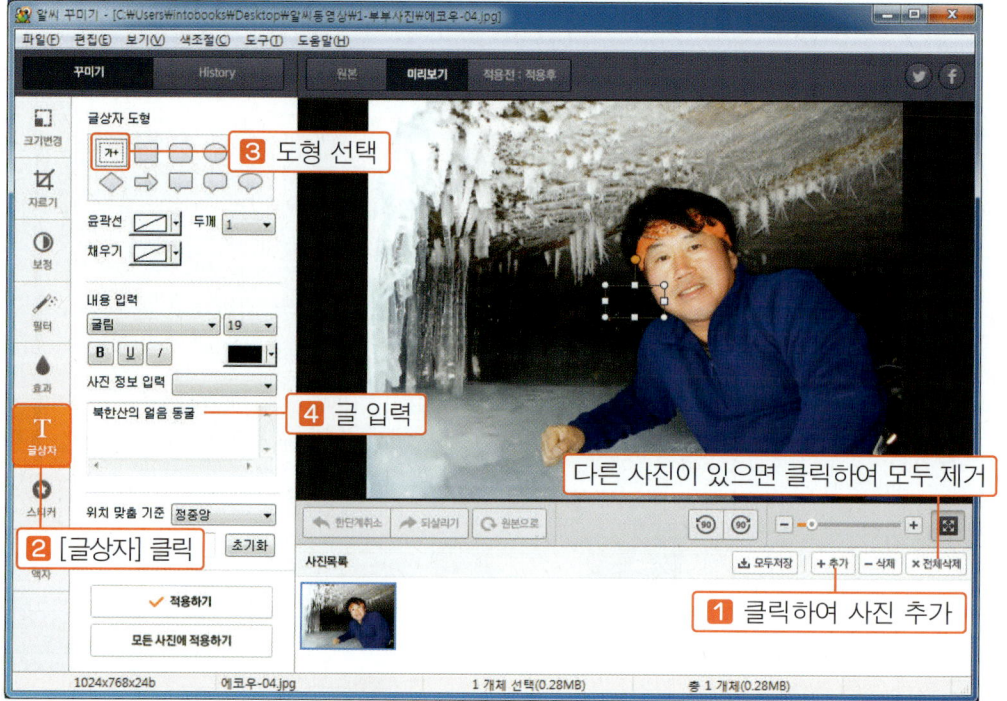

07장 사진에 글상자/스티커 넣기

2 [글꼴], [크기], [색상] 등을 지정하고 사진의 글상자의 크기와 위치를 조정하고 [적용하기]를 클릭합니다. 위치는 [위치 맞춤 기준]에서 선택하거나 마우스로 드래그해도 됩니다.

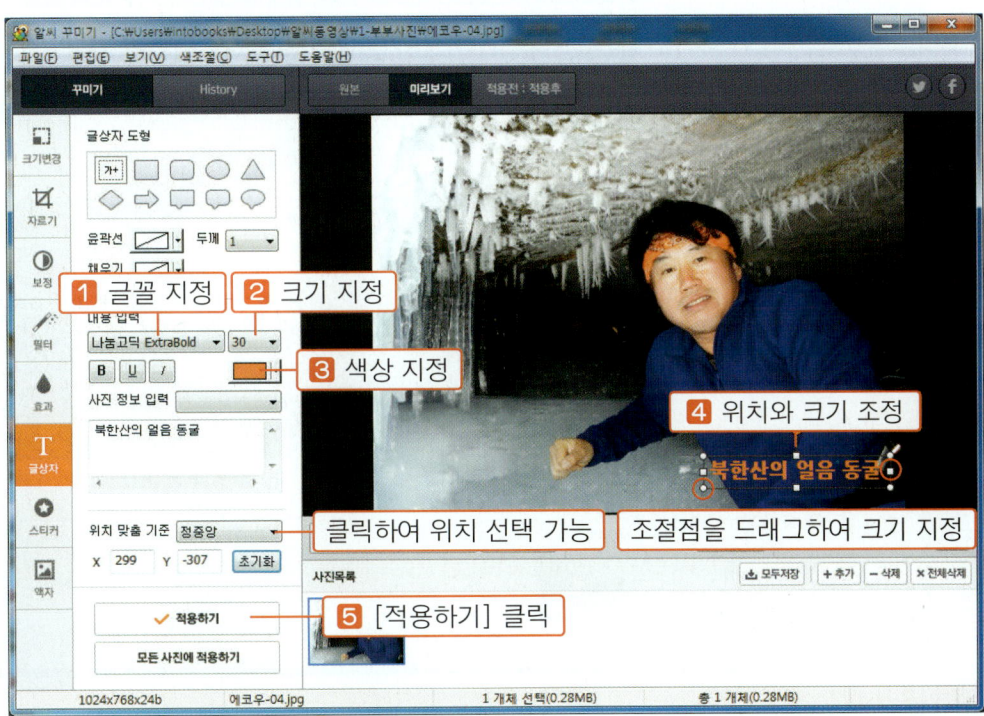

■ 글상자 크기 및 위치 조정

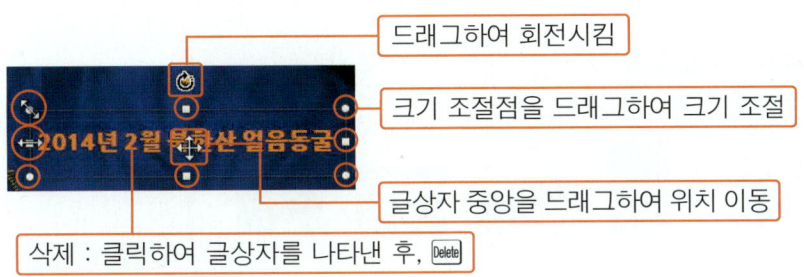

3 [적용하기]를 클릭한 후에도 [글상자]를 클릭하여 활성화시킨 후, 글 내용, 글꼴, 크기, 색상 등을 수정할 수 있으며, 삭제하려면 글상자를 선택한 후 키보드에서 Delete 키를 누릅니다.

4 메뉴 [파일]-[다른 이름으로 저장]을 클릭하여 작업한 내용을 저장합니다.

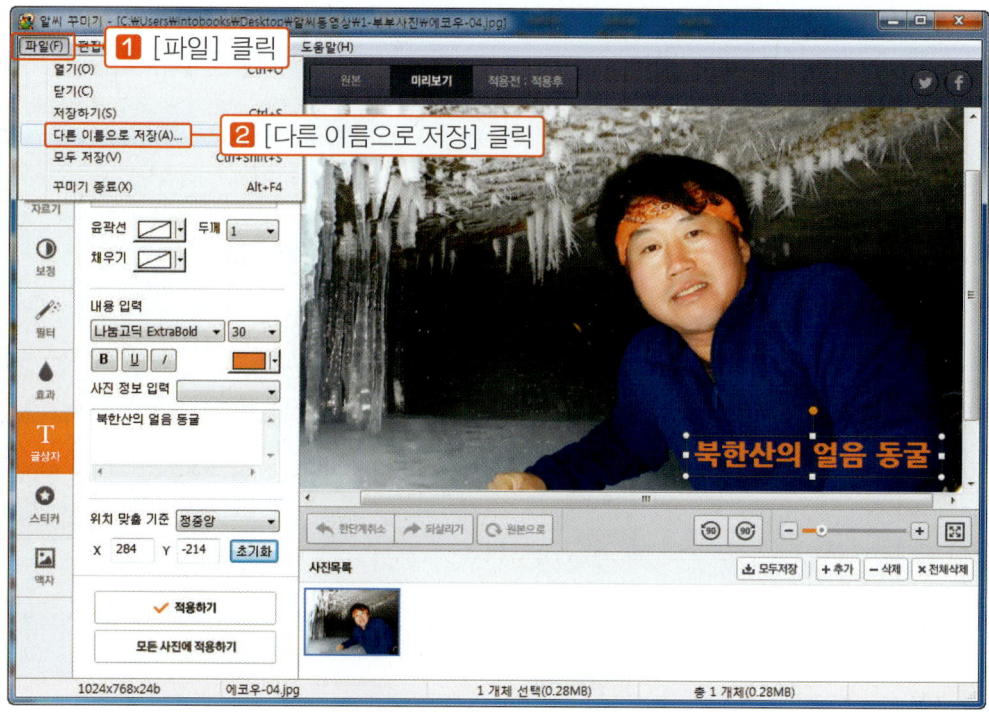

5 저장할 경로와 파일 이름을 입력하고 [저장]을 클릭한 후, [저장 품질]에서 [확인]을 누릅니다. 저장이 되면 지정한 경로에서 글상자가 들어간 사진을 확인할 수 있습니다.

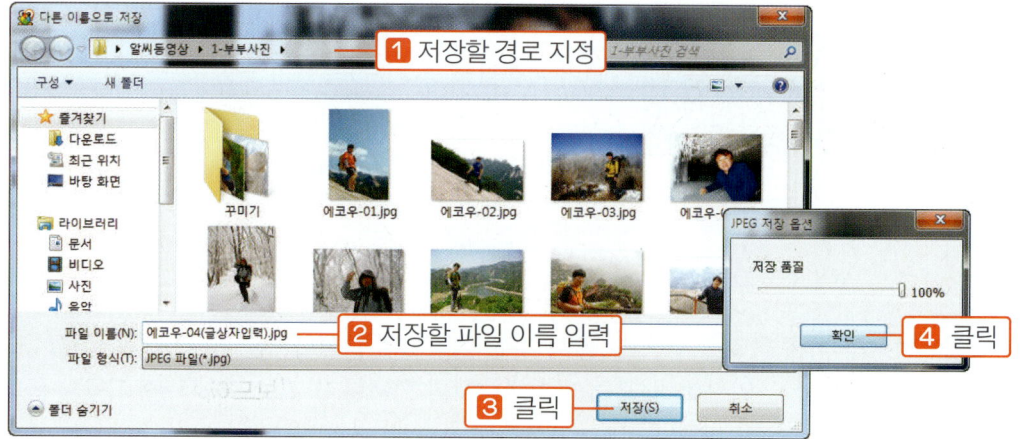

노트 | 저장하기/다른 이름으로 저장

- [파일]-[저장하기] : 작업한 파일을 원본과 동일한 이름으로 저장합니다.(※ 원본 손실에 주의)
- [파일]-[다른 이름으로 저장] : 작업한 파일에 다른 이름을 부여하여 저장합니다. (원본이 손실되지 않음)

❷ 사진에 스티커 넣기

1 [+추가]를 클릭하여 사진을 불러온 후, [스티커]를 클릭하고 화면에 스티커를 삽입합니다.

2 사진에서 스티커가 없는 곳을 클릭하여 선택된 스티커를 해제하고, 다른 스티커를 지정합니다.

❸ 사진에 글상자와 스티커 함께 넣기

꾸미기의 여러 작업(글상자 넣고, 액자를 씌우고, 크기 변경 등)은 한꺼번에 같이 할 수 있습니다.

1 [글상자]를 눌러 도형, 도형 속성, 글자 속성 및 내용을 입력하고 크기와 위치를 조정합니다.

2 하나의 스티커를 지정하고, 사진의 다른 곳을 클릭하면서 여러 개의 스티커를 지정합니다.

사진에 보정/필터/효과 주기 08장

알씨 & 알씨 꾸미기 & 알씨 동영상 만들기

사진에 보정/필터/효과 주기
08 Lesson

❶ 사진 보정하기

촬영한 사진을 밝게/흐리게, 대비와 채도, 선명도 조정 등의 작업이 사진의 보정입니다.

실습은 좀 어둡게 나온 사진이나 반대로 밝게 나온 사진 등으로 실습하는 것이 보정의 변화를 확실히 알 수 있어서 좋은 샘플이 됩니다.

1 사진을 불러 온 후, [보정]을 클릭하여 사진의 변화를 보면서 각각의 값을 수정합니다.

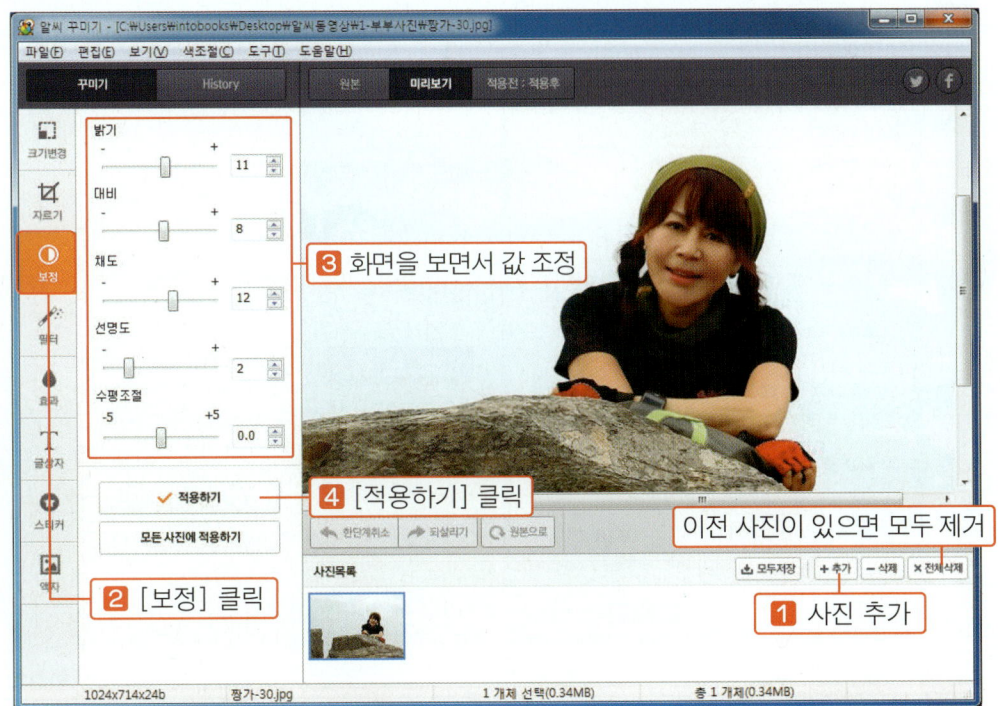

2 화면의 점선 화살표처럼 사진의 수평이 안 맞을 때는 수평 조절을 합니다. 최대치인 -5 ~ +5 로는 부족하다면 [적용하기]를 누른 후, 다시 [수평 조절] 값을 추가로 부여합니다.

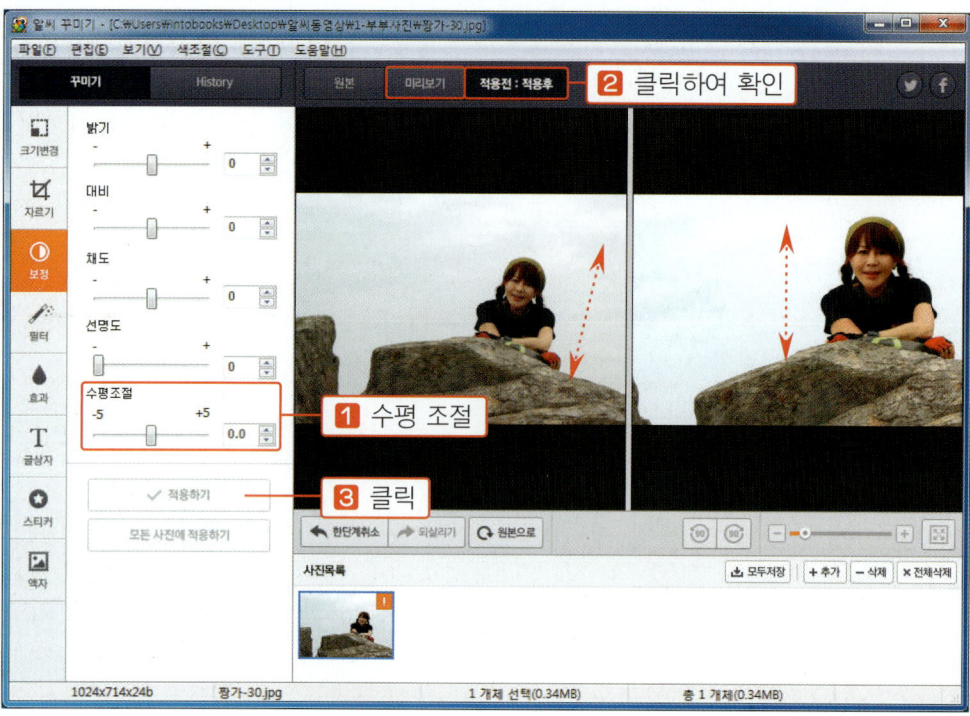

3 보정 작업을 한 사진을 저장하려면 [모두 저장]을 클릭하거나 또는 [파일]-[다른 이름으로 저장]을 클릭합니다.

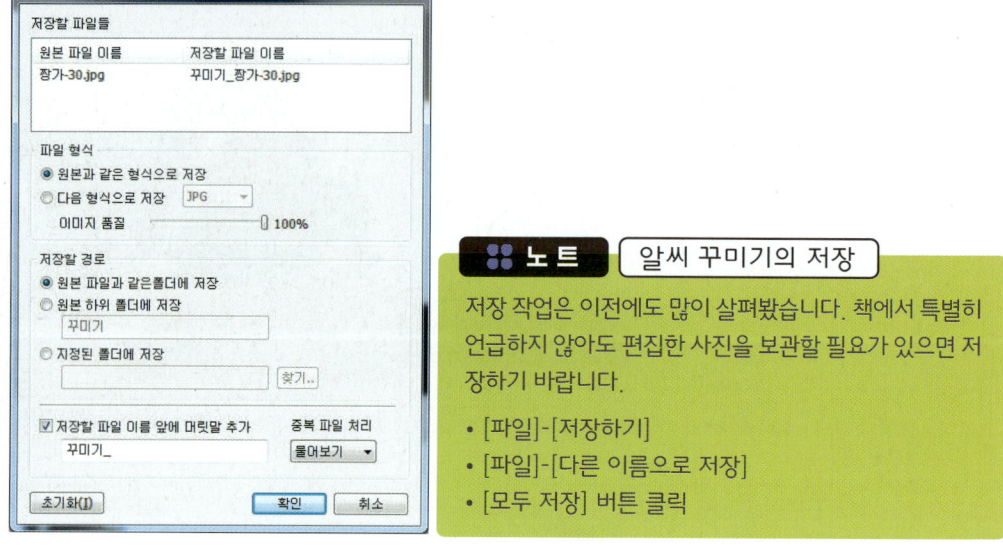

노트 — 알씨 꾸미기의 저장

저장 작업은 이전에도 많이 살펴봤습니다. 책에서 특별히 언급하지 않아도 편집한 사진을 보관할 필요가 있으면 저장하기 바랍니다.

- [파일]-[저장하기]
- [파일]-[다른 이름으로 저장]
- [모두 저장] 버튼 클릭

❷ 사진에 필터 적용하기

필터 작업은 사진을 깔끔, 차분, 소프트 톤(뽀샤시), 나노 필름(필름 입자) 등의 15가지 옵션을 지정하여 편집할 수 있습니다.

 사진을 불러온 후, [필터]를 클릭합니다.

2 [엔틱]을 클릭한 후, 변화를 보다 더 정확히 알기 위해 [적용전 : 적용후]를 눌러봅니다.

3 다시 [필터]에서 [브라운]을 적용합니다.

:: **노트** 　적용하기

여러 개의 작업을 중복시키려면 하나의 작업 후 반드시 [적용하기]를 눌러 주고 다음 작업을 진행해야 합니다. [적용하기]를 누르지 않고 다음 작업을 진행하면 중복이 아니라 진행한 작업으로 변경(교체)됩니다.

예) [필터]-[엔틱] ⇨ [필터]-[네거티브] ······· [네거티브]만 반영됨
　　[필터]-[엔틱] ⇨ [적용하기] ⇨ [필터]-[네거티브] ······· [엔틱]과 [네거티브]가 모두 적용됨

:: **노트** 　꾸미기에서 [삭제], [전체 삭제]

꾸미기 화면에서 사진 목록 중 특정 사진을 [삭제(- 삭제)], [전체 삭제(× 전체삭제)]하면 실제로 휴지통에 버려지는 파일 삭제가 아닌 단순히 작업 목록에서만 제외됩니다.

❸ 소프트 포커스 효과 주기

[효과]는 사진에 소프트 포커스, 모자이크, 적목 제거 작업을 합니다.

 사진을 불러온 후, [효과]-[소프트 포커스]를 선택하여 값을 지정합니다.

 사진 목록 중 작업할 사진이 아닌 것은 대상을 선택한 후, [삭제]를 클릭하여 제거합니다.

④ 모자이크 효과 주기

1 [효과]에서 [모자이크]를 선택하고 모자이크할 영역과 값을 지정합니다.

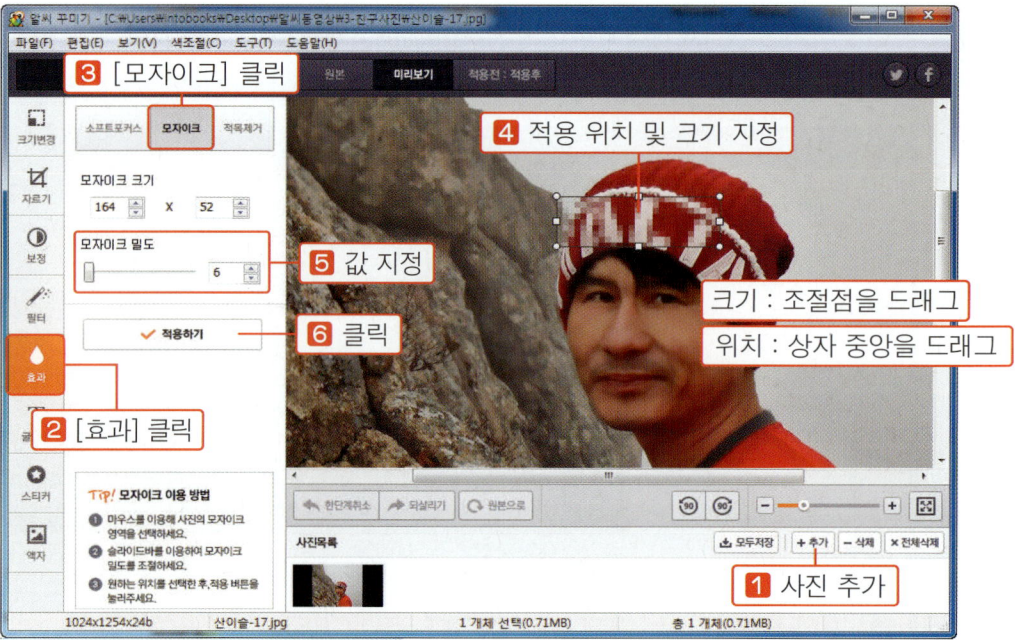

2 계속해서 영역을 지정하면서 모자이크 처리를 반복하면서 [적용하기]를 클릭합니다.

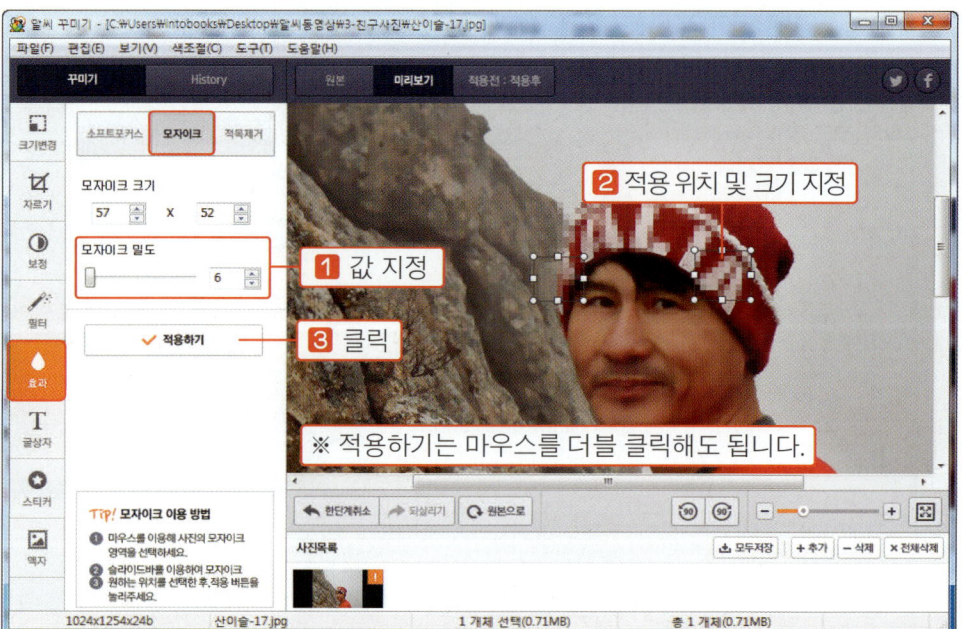

❺ 적목 제거 효과 주기

적목은 야간에 플래시를 사용했을 때 눈 동공이 빨갛게 찍히는 것을 말합니다. 이런 적목 현상을 알씨 꾸미기의 [적목 제거]로 보정할 수 있습니다.

1 [효과]-[적목 제거]를 선택한 후, 적용할 위치와 값을 조정합니다.

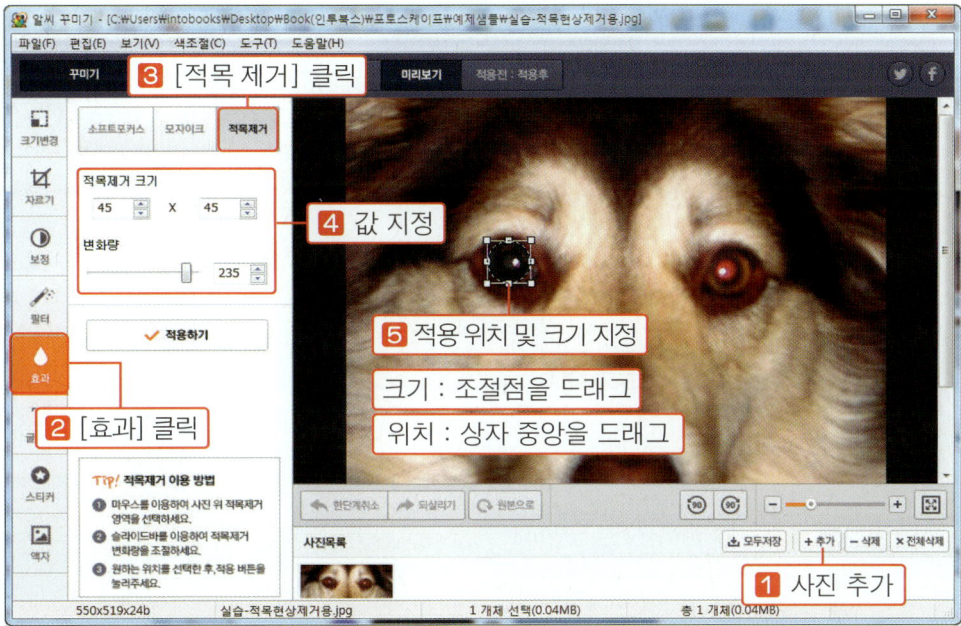

2 적목 제거 작업은 [미리 보기]와 [적용전:적용후] 화면을 오가면서 정밀하게 위치와 동공 크기 등을 조정한 후에 [적용하기]를 누릅니다.

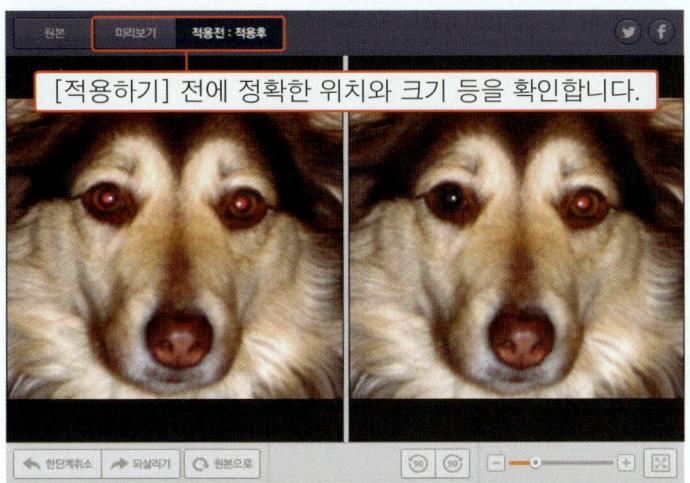

3 한쪽 눈의 적목 제거가 끝나면 다른 눈도 [미리 보기]와 [적용전:적용후] 화면을 오가면서 위치와 동공 크기를 조정하고 [적용하기]를 누릅니다.

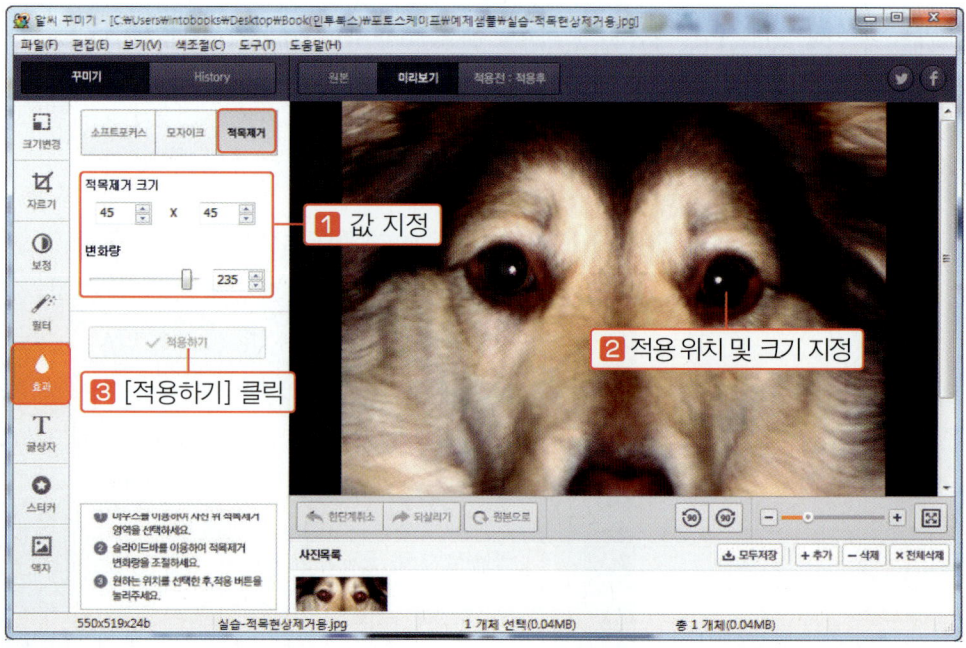

노트 | 실습할 적목 사진 구하기

네이버에서 [적목현상]으로 검색한 후, [이미지]를 클릭하면 수많은 사진들이 나타납니다.

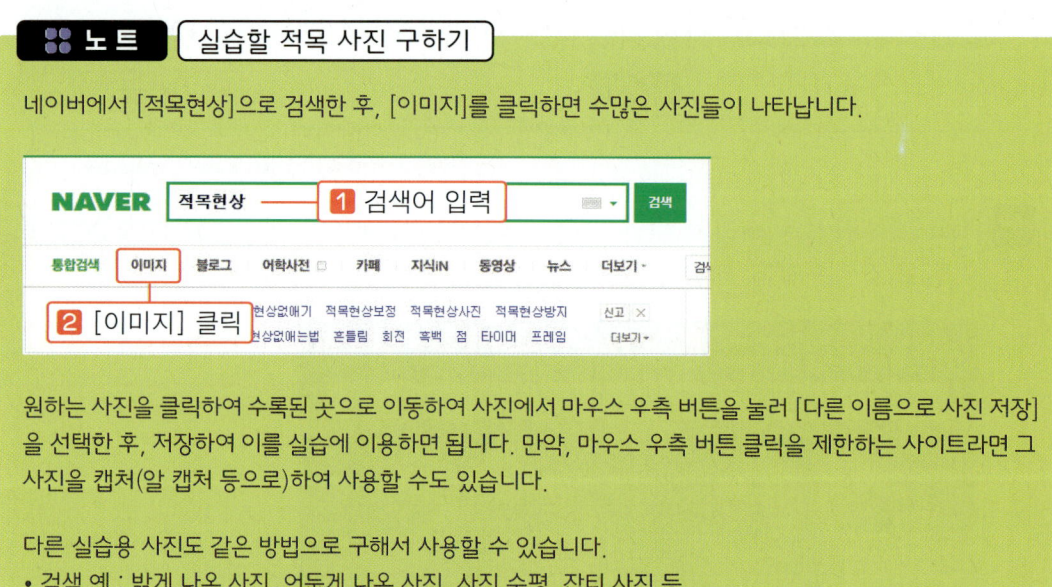

원하는 사진을 클릭하여 수록된 곳으로 이동하여 사진에서 마우스 우측 버튼을 눌러 [다른 이름으로 사진 저장]을 선택한 후, 저장하여 이를 실습에 이용하면 됩니다. 만약, 마우스 우측 버튼 클릭을 제한하는 사이트라면 그 사진을 캡처(알 캡처 등으로)하여 사용할 수도 있습니다.

다른 실습용 사진도 같은 방법으로 구해서 사용할 수 있습니다.
• 검색 예 : 밝게 나온 사진, 어둡게 나온 사진, 사진 수평, 잡티 사진 등 …

※ 주의 사항 : 인터넷에서 다운로드나 캡처로 얻은 사진은 개인 실습용으로만 사용해야 하고, 이를 다른 곳에 활용하거나 게재하는 것은 저작권/초상권 법 등에 저촉되므로 유의해야 합니다.

사진 크기 변경과 자르기 09장

알씨 & 알씨 꾸미기 & 알씨 동영상 만들기

사진 크기 변경과 자르기

Lesson

이번 레슨에서는 사진 크기 변경과 자르기에 대해 살펴보겠습니다.

❶ 사진 크기 변경하기

사진 크기 변경은 이미 알씨에서도 살펴봤습니다.(참조 : 26쪽) 같은 기능을 알씨 꾸미기에서도 처리할 수 있습니다.

1 사진을 불러옵니다. 현재 사진은 세로 모양이 어울리므로 를 눌러 방향을 바로 잡습니다.

2 회전시킨 사진을 해상도, 비율, 용량 등으로 크기를 변경한 후, [적용하기]를 클릭합니다.

2 사진 자르기

1 사진을 불러온 후, [자르기]를 클릭하고 자를 크기를 지정하고 [적용하기]를 클릭합니다.

사진 크기 변경과 자르기 **09장** 73

2 [적용하기]를 누르면 지정한 영역만큼 사진이 잘려져 나타납니다.

■ 알씨 꾸미기의 작업

알씨 꾸미기는 작업할 내용들이 [꾸미기] 아래 좌측에 모두 표시되어 있지만, 메뉴 방식으로도 작업할 수 있습니다.(권장 : 좌측 도구 이용)

Part 03

알씨 동영상 만들기

Lesson 10 알씨 동영상 만들기 실행하기

Lesson 11 간편 만들기로 동영상 만들기
- 동영상에 사진/음악 추가하기
- 동영상 재생 시간 설정하기
- 오프닝과 엔딩 넣기
- 동영상 만들기

Lesson 12 상세 꾸미기로 동영상 만들기
- 사진/음악 추가와 재생 시간 설정하기
- 사진 위에/사이에 자막 넣기
- 자막 기능으로 오프닝/엔딩 만들기
- 배경과 액자 넣기
- 전환 효과/시네마틱 효과 적용하기
- 동영상 만들기

Lesson 13 인터넷에 동영상 올리기

Lesson 14 알씨 동영상 Power Up 시키기
- Audacity로 음악 자르기/합치기
- Audacity로 페이드 인/페이드 아웃 처리하기
- Daum 팟인코더로 영상 합치기
- 영상 포맷/크기 변환/영상 자르기
- 유용한 영상 소스 다운로드 하기(Freemake Video Downloader)

알씨 & 알씨 꾸미기 & 알씨 동영상 만들기

알씨 동영상 만들기 실행하기

10 Lesson

요즘은 디카와 스마트폰의 보급으로 사진이 넘쳐 납니다. 사진을 단순히 저장만 해둘 것이 아니라 동영상으로 편집해서 감상하면 색다른 감동을 줍니다.
자녀의 성장 과정, 돌잔치, 졸업식, 동창회, 취미 모임, 결혼식장, 회갑연 등... 주변에서 사진으로 편집한 동영상을 쉽게 접할 수 있습니다.

전문적인 영상 편집 툴인 베가스 프로, 프리미어 등은 익히는데 많은 시간이 걸리고, 작업의 난이도가 상당합니다. 그러나 [알씨 동영상 만들기]는 일반인들이 쉽게 익힐 수 있으며, 완성된 동영상의 품질도 매우 좋은 유용한 프로그램입니다.

단, [알씨 동영상 만들기]는 오로지 사진으로만 동영상을 만들 수 있습니다. 따라서 동영상을 불러 와서 사진과 같이 혼합하여 편집할 수 없습니다.

❶ 알씨 동영상 만들기 실행하기

[알씨 동영상 만들기]를 실행하려면 윈도우 하단의 [시작()]을 클릭한 후, [모든 프로그램]에서 [알씨 동영상 만들기]를 클릭하거나 바탕 화면에 생성된 [알씨 동영상 만들기] 아이콘을 더블 클릭합니다.

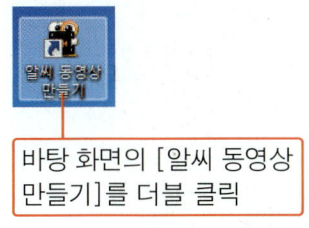

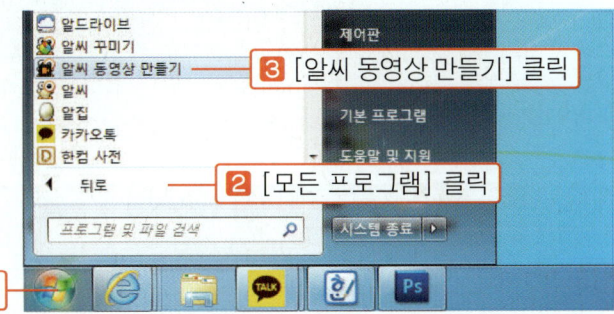

알씨 ➕ 알씨 꾸미기 ➕ 알씨 동영상 만들기

❷ 알씨에서 알씨 동영상 만들기 이동하기

[알씨]에서 [알씨 동영상 만들기]로 바로 이동할 수도 있습니다.

3 알씨 화면에서 사진을 선택한 후, 하단의 [동영상]을 클릭합니다.

4 선택한 사진들이 알씨 동영상 화면에 나타난 결과입니다.

간편 만들기로 동영상 만들기

알씨 & 알씨 꾸미기 & 알씨 동영상 만들기

Lesson 11

알씨 동영상 만들기는 크게 [간편 만들기]와 [상세 꾸미기]로 나누어집니다.

- **[간편 만들기]** : 사진 추가, 음악 추가, 사진 1장당 재생 시간, 오프닝/엔딩을 넣는 4단계로 진행하여 최소한의 꾸밈으로 손쉽고 빠르게 동영상을 완성합니다.
- **[상세 꾸미기]** : 간편 만들기로 작성한 동영상에 자막, 배경과 액자 디자인, 화면 전환 등의 효과를 적용하여 세밀하게 동영상을 작성합니다.

이번 레슨에서는 [간편 만들기]를 이용하여 영상을 만들어 보겠습니다.

❶ 동영상에 사진 추가하기

1 [알씨 동영상 만들기]를 실행시킨 후, [사진 추가]를 눌러 작업할 사진을 불러옵니다.

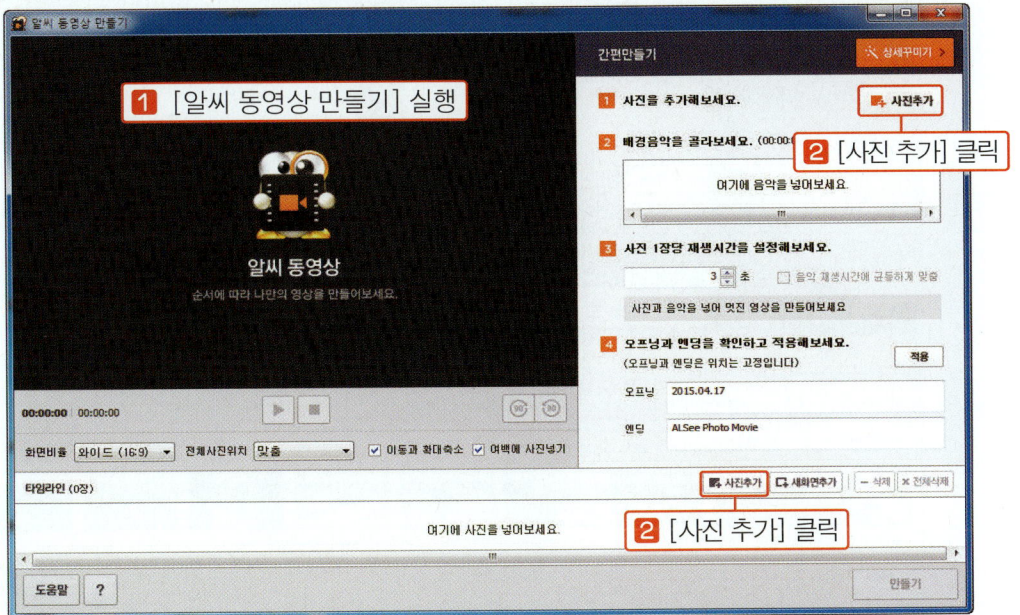

2 작업할 폴더를 선택하여 사진을 [열기]합니다.

> **노트** 파일 선택 방법
> - 전체 선택 : Ctrl + A
> - 범위 선택 : 첫 사진을 클릭한 후 마지막에서 사진에서 Shift + 클릭
> - 여러 개의 불특정 사진 선택 : 선택할 사진마다 Ctrl + 클릭 반복

3 하단 타임 라인에 사진이 나타납니다. 그림에 표시한 번호의 옵션을 변화시키면서 재생/멈춤을 하여 각각의 기능을 확인해 봅니다. 직접 실행해 봄으로써 그 기능을 알 수 있습니다.

■ 기본 화면 살펴보기

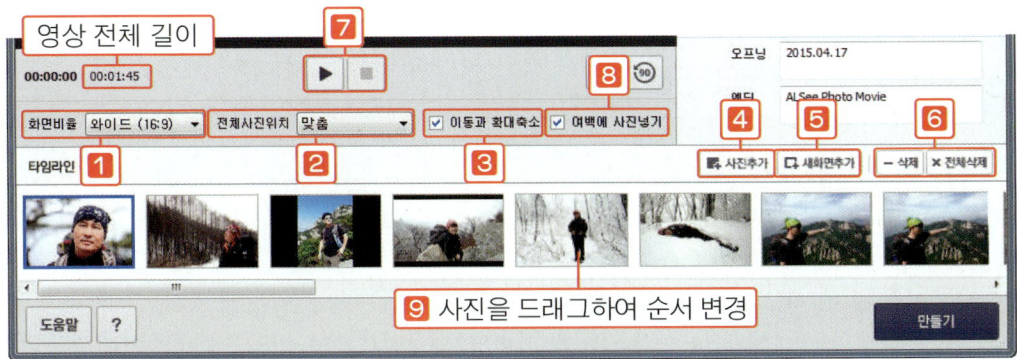

1 화면 비율 : [기본(4:3)], [와이드(16:9)] 중에 선택할 수 있습니다.

2 전체 사진 위치 : [채우기]는 사진을 선택한 화면 비율(16:9, 4:3)에 채워 줍니다. 채우기를 하면 여백은 생기지 않지만 작은 사진이 크게 확대되거나 일부가 잘릴 수 있습니다. [맞춤]은 사진이 잘림 없이 모두 표시되지만 여백이 생길 수 있습니다. 이때 여백은 [여백에 사진 넣기]에 따라 흐린 사진이나 검정 바탕으로 나타납니다. ※ 권장 : 맞춤

3 이동과 확대 축소 : 모든 사진에 일괄 적용되며, 재생되는 동안 사진의 이동과 확대/축소가 랜덤하게 적용됩니다. 특별한 경우가 아니라면 체크하여 적용하는 것이 역동적인 영상을 만들어 줍니다. ※ 권장 : 이동과 확대 축소 체크

4 사진 추가 : 영상에 사용할 사진을 타임 라인에 추가합니다.

5 새 화면 추가 : 타임 라인에 선택된 사진 뒤로 빈 화면을 추가합니다. 이렇게 추가한 빈 화면은 주로 [상세 꾸미기] 등에서 자막 화면 등으로 활용됩니다.

6 삭제/전체 삭제 : 선택된 사진을 제거 혹은 전체 제거를 합니다. 파일의 실제 삭제가 아니라 타임 라인의 작업 대상에서만 제거하는 것입니다.

7 재생/멈춤 : 영상을 재생/멈춤 합니다. 영상 작업시 옵션 등을 변경하면 수시로 재생하여 그 결과물을 미리 살펴보면서 작업하는 것이 좋습니다.

> **노트** [재생시 음악 듣기]
>
> 배경 음악은 재생/멈춤(▶ ■)에서는 들리지 않습니다. 수록된 음악은 [만들기]를 하여 저장한 최종 완성본을 플레이 시켜야만 확인할 수 있습니다.

8 여백에 사진 넣기 : 여백이 생길 때 빈 공간이 검정으로 나타나지 않도록 현재 사진을 크게 확대하여 흐리게 배경으로 넣어 줍니다. 단, [전체 사진 위치]가 [맞춤]일 때만 사용 가능하며, 모든 사진에 일괄 적용됩니다. ※ 권장 : 여백에 사진 넣기 체크

9 사진 순서 변경 : 타임 라인의 사진을 선택하여 좌우로 드래그하여 순서를 변경합니다.

> • 전체 선택 : Ctrl + A
> • 범위 선택 : 첫 사진을 클릭한 후 마지막에서 사진에서 Shift + 클릭
> • 여러 개의 불특정 사진 선택 : 선택할 사진마다 Ctrl + 클릭 반복

■ 알씨 동영상 만들기의 권장 설정

일반적으로 [화면 비율]은 [와이드], [전체 사진 위치]는 [맞춤], [이동과 확대 축소], [여백에 사진 넣기]를 [체크]하는 것을 권장합니다. 이 설정이 감상하기 좋은 영상을 만들어 줍니다.

동영상에 음악 넣기

동영상은 배경 음악에 따라 느낌이 매우 다르게 표현됩니다. 적절한 음악을 삽입하여 영상을 완성해 나갑니다. 단, 배경 음악이 수록되어 있어도 재생(▶)에서는 들리지 않습니다.

1 설정을 [화면비율 와이드 (16:9) ▼ 전체사진위치 맞춤 ▼ ☑이동과 확대축소 ☑여백에 사진넣기]로 지정하고, 사진을 드래그하여 순서를 조정하면서 재생(▶)을 눌러 결과를 확인합니다. 사진의 순서 조정이 끝났으면 배경 음악을 추가합니다.

2 음악이 있는 폴더에서 원하는 음악을 열기합니다.

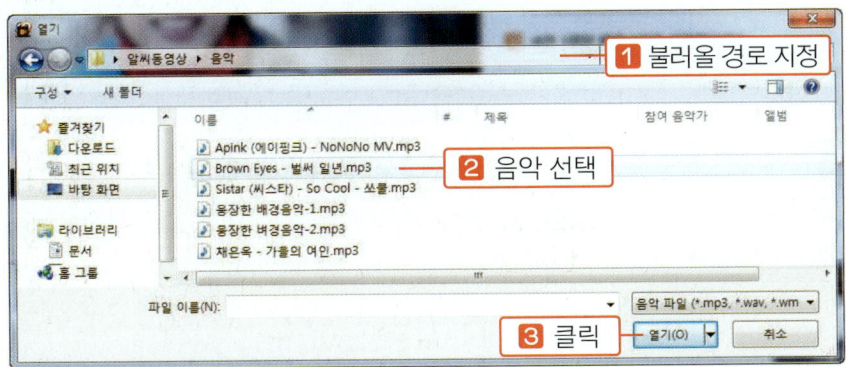

3 음악을 불러 왔으면 음악의 길이와 화면의 **3**번 [사진 1장당 재생 시간을…]을 확인합니다.

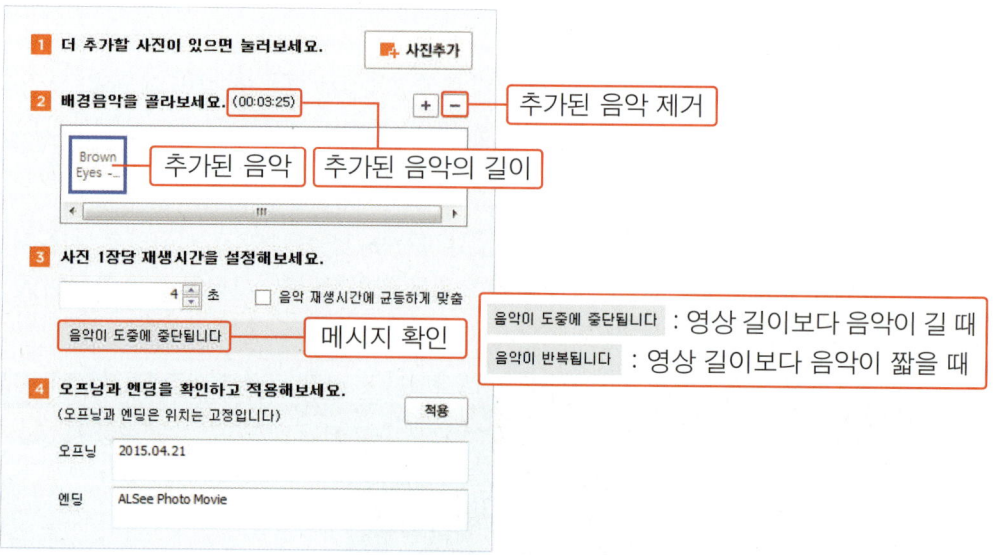

> **노트** | **영상 길이와 음악**
> - 영상 길이보다 음악이 짧을 때 : 음악이 반복됩니다 (전체 영상 길이에 맞춰 자동으로 음악이 반복됩니다.)
> - 영상 길이보다 음악이 길 때 : 음악이 도중에 중단됩니다 (전체 영상 길이에 맞춰 음악이 중단됩니다.)

4 화면의 **3**번 메시지에 음악이 반복됩니다 (영상 길이보다 음악이 짧을 때)가 나타난다면 상황에 따라 다른 음악을 더 추가할 수도 있습니다. 다른 음악을 추가하지 않으면 한 곡이 영상 길이만큼 반복해서 재생됩니다.

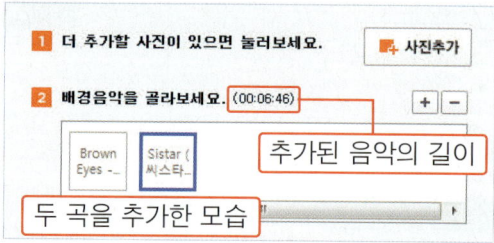

> **노트** | **재생시 음악 듣기**
> 배경 음악은 재생(▶)에서는 들리지 않습니다. 수록된 음악은 [만들기]를 하여 저장한 최종 완성본을 플레이 시켜야만 확인할 수 있습니다.

❸ 동영상 재생 시간 설정하기

작업하는 방식은 사용자마다 다를 수 있으나 필자는 [음악 삽입]보다 [사진 1장당 재생 시간 설정]을 먼저 합니다. 재생 시간이 결정되어야 그에 맞게 음악을 한 곡으로 할지, 두 세곡을 넣을 지 결정할 수 있기 때문입니다. 그러나 각 작업의 의미를 정확히 알고 있다면 어떤 순서로 작업하는지는 중요하지 않습니다.

1 사진 1장당 재생 시간을 설정하여 재생/멈춤(▶ ■)을 하여 결과를 미리 확인해 봅니다.

2 적절한 시간을 설정했으면 앞서 삽입한 음악이 반복되는지, 아니면 도중에 중단되는지를 살펴서 추가로 음악을 삽입하거나 반복으로 나오게 할지를 결정합니다.
(음악이 반복됩니다 / 음악이 도중에 중단됩니다)

> **::노트** 　음악 재생 시간에 균등하게 맞춤
>
> [음악 재생 시간에 균등하게 맞춤]에 체크하면 사진 1장당 재생 시간을 음악 길이에 맞춰 자동으로 설정해 줍니다.
>
> 사진 전체와 음악 길이가 비교적 비슷하다면 체크하는 것도 좋으나, 그렇지 않으면 사진 길이를 음악에 강제로 맞춰 줌으로써 너무 빠르게 또는 너무 느리게 재생될 수 있습니다.

오프닝과 엔딩 넣기

오프닝은 영상의 처음 부분을, 엔딩은 영상의 끝 부분을 뜻합니다. 오프닝은 제목, 제작 날짜 등을, 엔딩엔 간단한 소감이나 제작자/참여 인원 등을 기재할 수 있습니다.

1 작업의 마지막인 4단계에서 오프닝과 엔딩을 기술하고 [적용]을 클릭합니다.

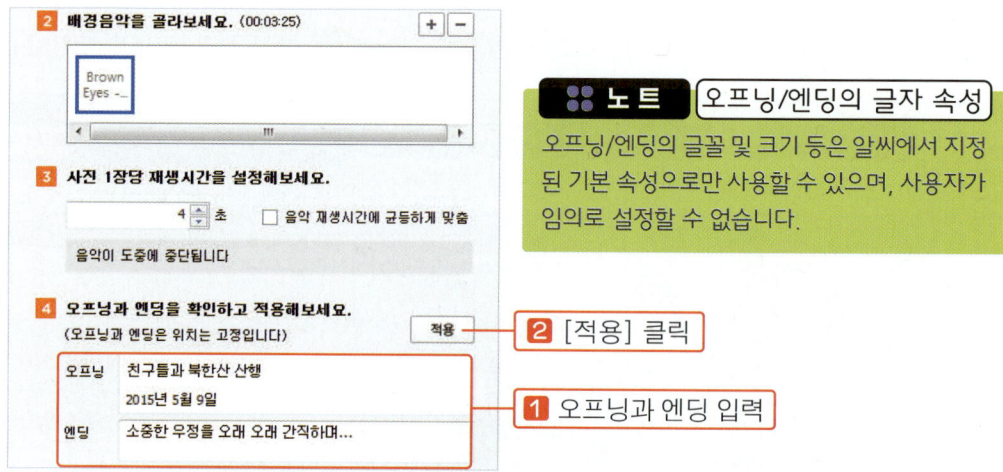

노트 — 오프닝/엔딩의 글자 속성
오프닝/엔딩의 글꼴 및 크기 등은 알씨에서 지정된 기본 속성으로만 사용할 수 있으며, 사용자가 임의로 설정할 수 없습니다.

2 타임 라인의 맨 앞과 맨 뒤에 생성된 오프닝과 엔딩을 클릭하여 내용을 확인합니다.

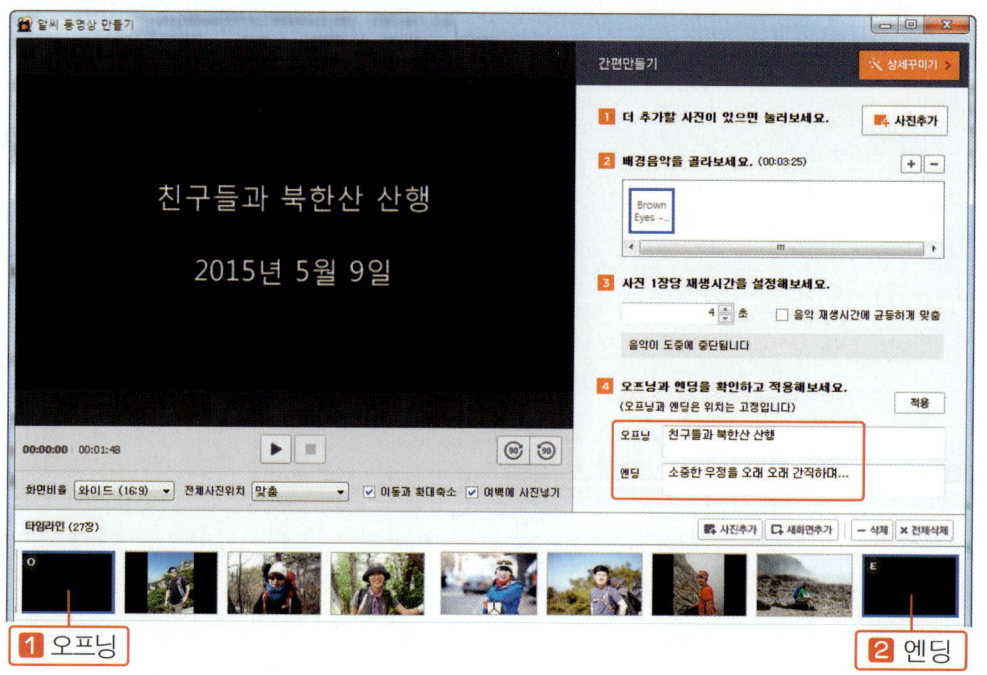

3 오프닝과 엔딩은 수정 또는 삭제할 수 있습니다.

- 수정 : 타임 라인에서 오프닝/엔딩을 선택한 후 내용을 수정하고 다시 [적용]을 클릭합니다.
- 삭제 : 타임 라인에서 오프닝/엔딩을 선택한 후 삭제 를 클릭합니다.

❺ 동영상 만들기

사진과 음악 추가, 영상의 길이와 오프닝/엔딩을 입력하였으면 지금까지 작업한 내용을 동영상 파일로 만들어 줘야 합니다. 재생을 눌러 수정할 내용이 없는지 꼼꼼히 점검하고 [만들기]를 눌러 동영상 파일로 저장합니다.

1 재생(▶)하여 영상을 점검했으면 화면 우측 하단의 [만들기]를 클릭합니다.

2 저장할 [파일 이름]과 [위치] 그리고 [용도]는 [사용자 입력]의 [설정]을 클릭한 후 나오는 창에서 [확인]을 클릭합니다. 이어서 [알씨워터마크 사용]을 해제하고 [만들기]를 클릭합니다.

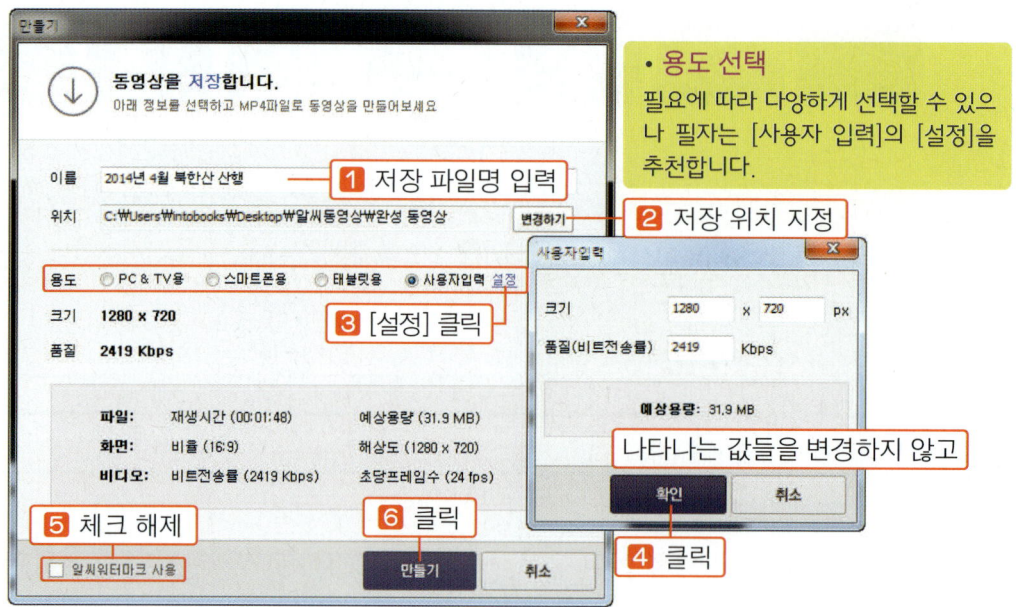

• 용도 선택
필요에 따라 다양하게 선택할 수 있으나 필자는 [사용자 입력]의 [설정]을 추천합니다.

■ 최고의 해상도로 저장하려면

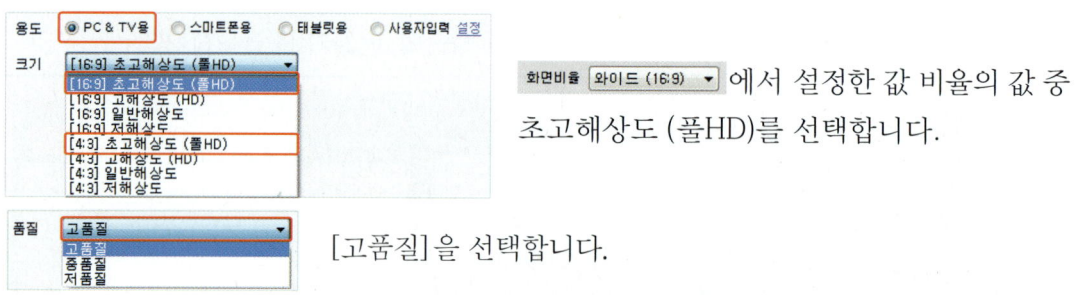

화면비율 와이드 (16:9) 에서 설정한 값 비율의 값 중 초고해상도 (풀HD)를 선택합니다.

[고품질]을 선택합니다.

3 동영상이 저장되었으면 [동영상 열기]를 클릭하여 확인합니다.

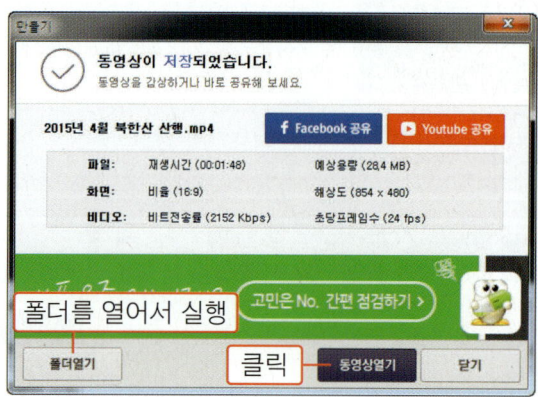

4 아래는 만들어진 영상을 재생한 결과입니다. 저장된 동영상의 확장자는 *.mp4 형식입니다.

5 만약 만들어진 동영상 파일에서 수정할 곳을 발견했다면 바로 수정하여 다시 [만들기] 작업을 진행해야 합니다. [알씨 동영상 만들기] 프로그램을 종료한 후에는 해당 동영상을 더 이상 수정할 수 없습니다.

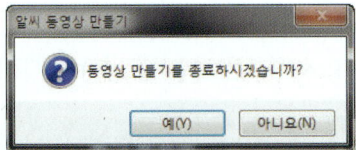

:: 노트   동영상 파일의 수정

현재 v7.62 버전의 알씨 동영상 만들기는 영상 편집 내용을 담는 프로젝트 저장이 없습니다. 그러므로 동영상 파일을 만든 후 꼼꼼히 확인하여 수정할 곳이 있으면 바로 재편집하여 다시 [만들기]를 하여야 합니다.

※ 정보 : 집필 중 알툴즈 담당자는 일정이 정해지지 않았지만, 추후 업데이트를 통해 프로젝트 저장 기능을 지원할 예정임을 알려 왔습니다.

:: 노트   알씨 워터마크

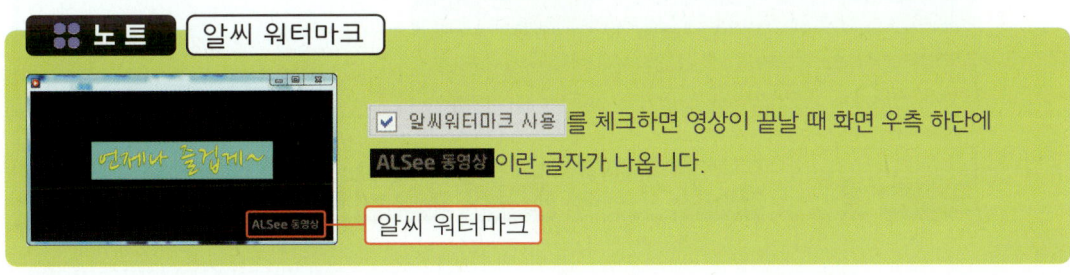

상세 꾸미기로 동영상 만들기

Lesson 12

이전 레슨에서는 [간편 만들기]로 동영상을 만들었습니다. 이번 레슨에서는 [간편 만들기]로 기본적인 영상 작업을 한 후, [상세 꾸미기]에서 몇 가지 추가 기능을 더 사용하여 영상을 만들어 보겠습니다.

[상세 꾸미기]는 [자막], [디자인] - 사진 [배경]과 [액자], [효과] - [장면 전환]과 화면에 움직이는 모양을 넣는 [시네마틱]으로 구성되어 있습니다.

❶ 사진 추가와 재생 시간 설정하기

1 [간편 만들기]에서 사진을 추가하고, 기본 설정을 한 후, 사진 1장당 재생 시간을 지정합니다.

■ 영상 기본 설정

영상에 대한 기본 설정은 아래처럼 지정하는 것이 무난합니다. 혹, 사진의 폭이 좁은 4:3 이라면 화면 비율만 기본 (4:3)으로 변경합니다.

■ 사진 1장당 재생 시간

사진 1장당 재생 시간은 원하는 대로 지정하되, 일반적인 영상은 사진 1장당 4~5초 정도가 적당합니다. 1장당 재생 시간을 지정하면 전체 영상 길이가 표시됩니다. 이 길이를 보면서 사진을 추가/제거하거나 또는 1장당 재생 시간을 변경하여 조정할 수 있습니다.

2 사진을 불러오고, 재생 시간을 결정했으면 플레이(▶) 하면서 그 구성(1장당 재생 시간, 사진의 순서, 사진을 추가/삭제)을 계속 편집하고 확인합니다.

아래는 여러 장의 사진을 대상으로 작업할 때의 방법을 보여주고 있습니다.

❷ 배경 음악 넣기

1 실습에서는 두 곡의 음악을 추가했습니다. 전체 영상의 길이가 6분 48초, 불러온 두 곡의 음악 길이가 7분 5초입니다. 그러므로 완성본은 영상에 맞춰 음악이 도중에 중단됩니다.

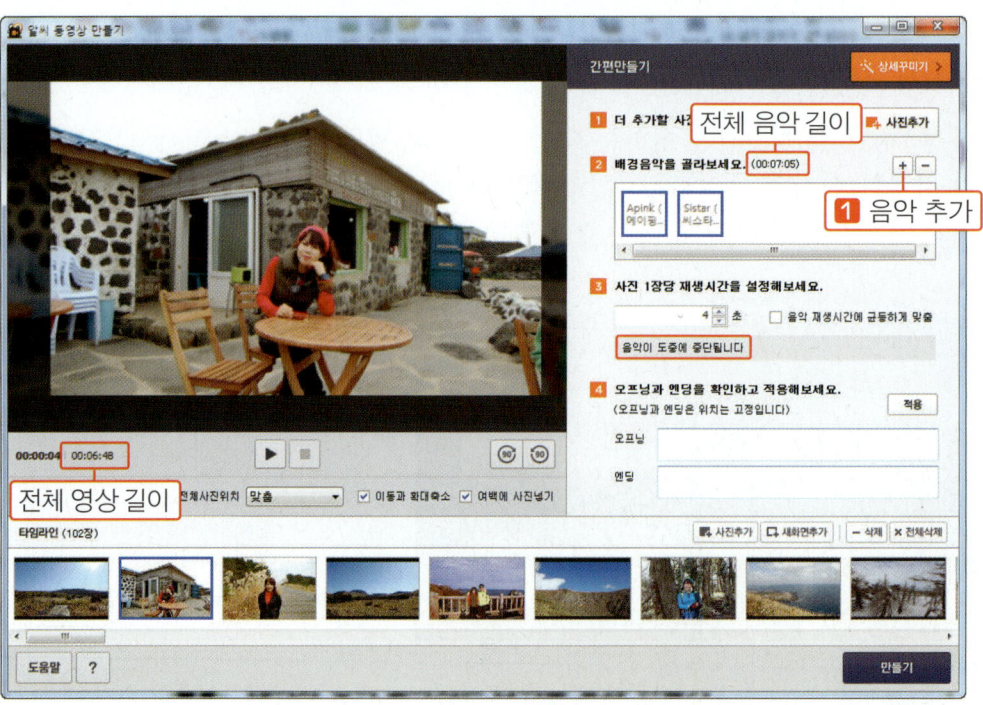

> **노트** 　음악 재생 시간에 균등하게 맞춤
>
> [음악 재생 시간에 균등하게 맞춤]에 체크하면 사진 1장당 재생 시간을 음악 길이에 맞춰 자동으로 설정해 줍니다.
>
> 사진의 재생 길이를 음악에 강제로 맞춰 줌으로써 너무 빠르게 또는 너무 느리게 재생될 수 있습니다. 체크를 한다면 꼭 재생시켜서 속도를 미리 점검해 봐야 합니다.

> **노트** 　영상 길이와 음악
>
>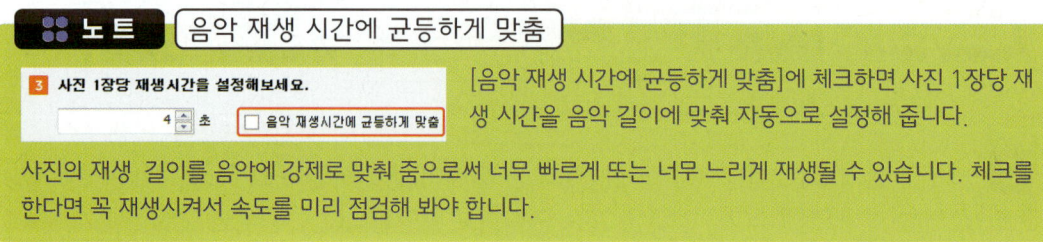

2 재생에서 영상을 플레이해도 음악은 들리지 않습니다. 음악은 [만들기]를 한 저장된 동영상에서만 확인할 수 있습니다.

❸ 자막 넣기

3.1 사진 위에 자막 넣기

앞서 진행한 사진과 배경 음악 넣기 작업은 [간편 만들기]에서 진행했습니다.
이번에 실습할 [자막]은 사진 배경과 액자를 넣어 주는 [디자인], 장면 전환과 화면에 효과를 주는 [효과]와 함께 [상세 꾸미기]에서 처리할 수 있는 작업입니다.

1 [간편 만들기]의 화면 우측 상단에서 를 클릭하면 [상세 꾸미기] 화면으로 전환됩니다. ※ [간편 만들기] ⇔ [상세 꾸미기]는 클릭해서 서로 전환할 수 있습니다.

2 자막을 넣을 사진을 선택하고 자막을 입력한 후, 글꼴, 위치 등을 지정합니다.

> **노트** 결과 확인
>
> 영상을 편집한 결과는 자주 재생(▶)을 눌러 확인해야 합니다. 단, 배경 음악은 [만들기]로 생성한 동영상 파일에서만 확인할 수 있음을 유의하기 바랍니다.

■ 자막 표시

[자막]을 넣은 사진에는 ⓣ, [효과]가 부여된 사진에는 ◢ 표시가 나타납니다.
[간편 만들기]에서 ☑이동과 확대축소 를 체크하면 [상세 꾸미기]에서 [효과]가 부여된 것으로 표시됩니다.

자막 표시
효과 표시

■ 자막 삭제/수정

- 자막을 삭제하려면, 해당 사진의 자막 내용을 지워 줍니다.
- 자막 수정은 내용을 수정해주기만 하면 됩니다.

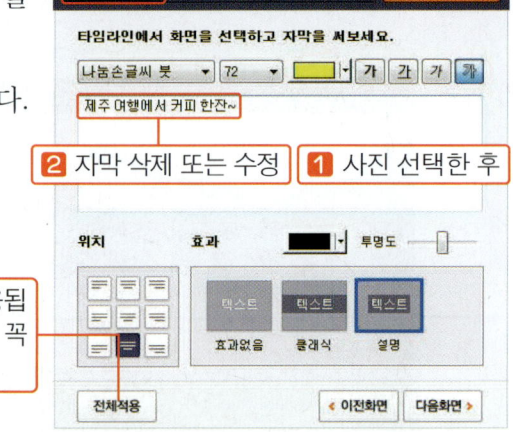

2 자막 삭제 또는 수정 **1** 사진 선택한 후

※ 현재 자막 내용이 모든 사진에 적용됩니다. 작업을 되돌리기 어려우므로 꼭 필요한 경우에만 사용합니다.

3 자막이 필요한 사진을 선택하면서 자막 내용을 다양하게 입력합니다.

3.2 사진 사이에 자막 넣기

앞 실습에서는 사진 위에 자막을 넣었지만, 사진과 사진 사이에 별도의 빈 공간을 만들어서 그곳에 자막을 넣을 수도 있습니다.

　　　　　[사진 위의 자막]　　　　　　　　　　　　[사진 사이의 자막]

1 사진을 클릭하여 위치를 잡고, [새 화면 추가]를 클릭하면 현재 사진 뒤에 새 화면이 추가됩니다.

2 [상세 꾸미기]의 [자막]에서 추가된 화면에 자막 내용을 입력합니다.

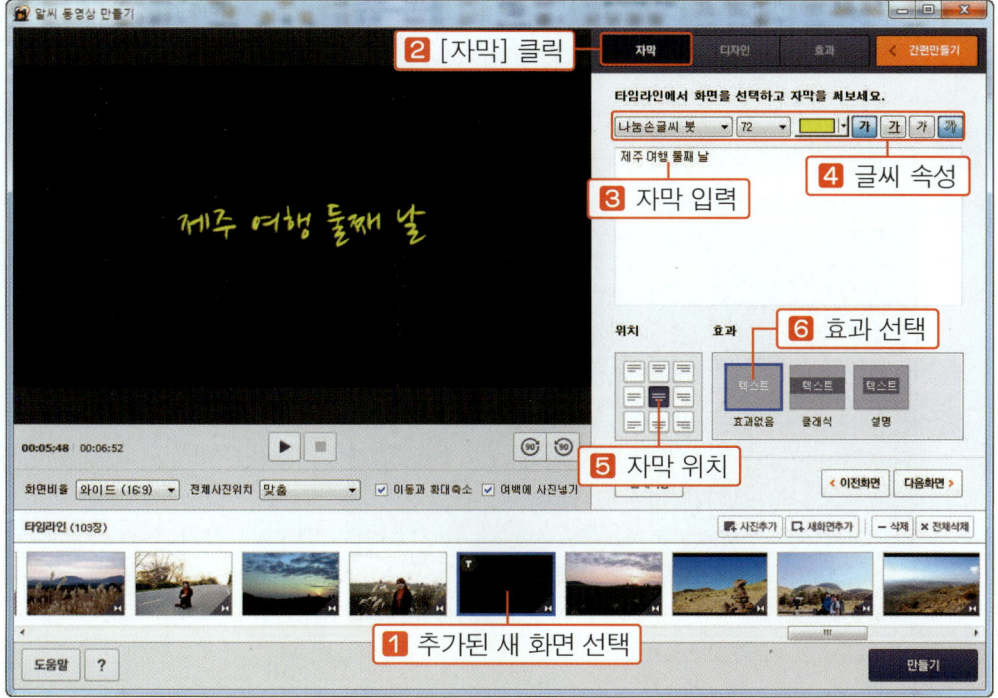

3.3 자막 기능으로 오프닝/엔딩 만들기

84쪽에 기술된 [간편 만들기]의 오프닝과 엔딩 기능은 자막 글꼴이나 크기, 자막 위치 등을 사용자가 지정할 수 없는 불편함이 있었습니다. 그러나 [상세 만들기]의 자막을 사용하면 보다 다양한 형태의 오프닝과 엔딩을 처리할 수 있습니다.

오프닝과 엔딩이라고 해서 특별히 더 설명할 것은 없습니다. [새 화면 추가]로 만든 빈 공간에 자막을 넣고, 그것을 맨 앞에 위치시키면 오프닝, 맨 뒤에 놓으면 엔딩이 되는 것입니다.

1 타임 라인의 맨 앞 사진을 선택한 후, [새 화면 추가]를 클릭합니다.

2 추가된 새 화면을 오프닝으로 사용하기 위해, 맨 앞으로 드래그하여 위치를 변경합니다.

3 맨 앞에 위치한 빈 화면을 선택한 후, 오프닝으로 사용할 내용을 입력합니다.

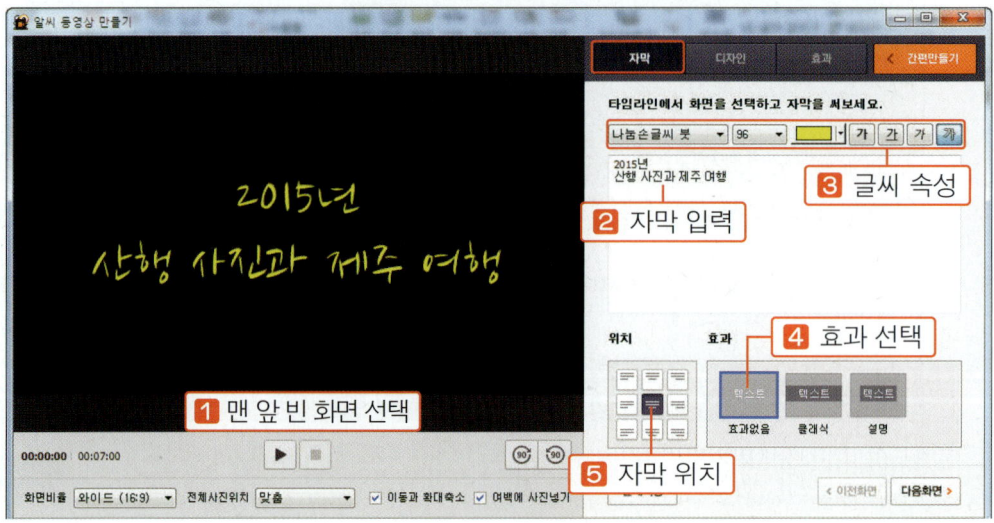

4 이번엔 엔딩으로 사용할 빈 공간을 만들기 위해, 마지막 사진을 클릭하고 [새 화면 추가]를 클릭합니다.

5 맨 뒤에 추가된 빈 화면을 선택한 후, 엔딩으로 사용할 내용을 입력합니다.

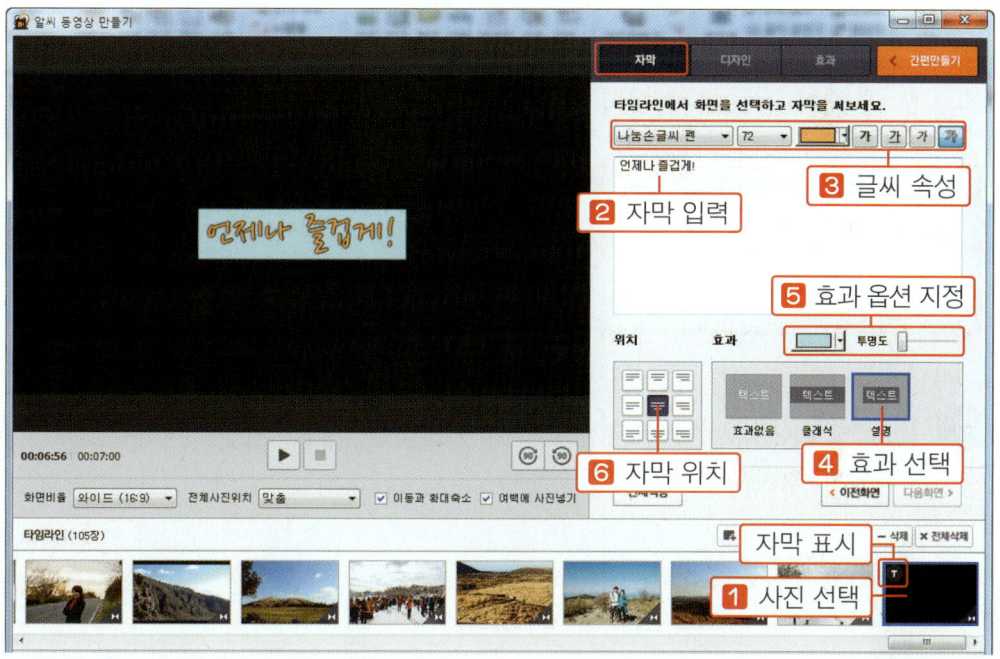

■ [간편 만들기]의 오프닝/엔딩과 [상세 만들기]의 새 화면 자막 비교

[간편 만들기]의 오프닝/엔딩과 달리 [상세 만들기]의 자막은 글꼴과 크기, 색상, 위치 등을 지정할 수 있습니다.

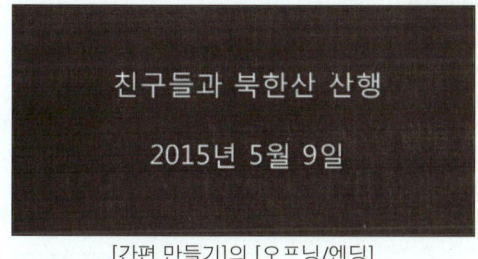
[간편 만들기]의 [오프닝/엔딩]

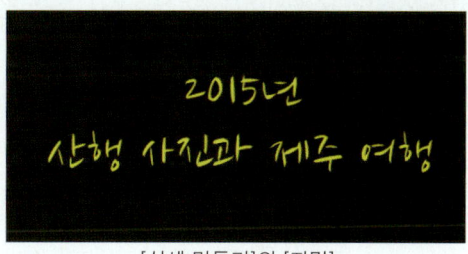
[상세 만들기]의 [자막]

4 디자인 기능 (배경, 액자) 익히기

[상세 꾸미기]의 [디자인]은 특정 사진에 [배경]과 [액자]를 넣을 수 있습니다.

4.1 사진에 배경 넣기

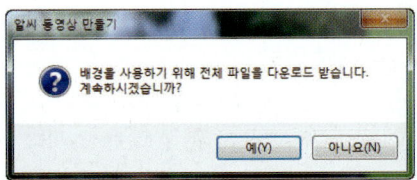가 [채우기] 상태이면 여백이 발생하지 않기 때문에 [배경]을 지정해도 변화가 생기지 않습니다. 따라서 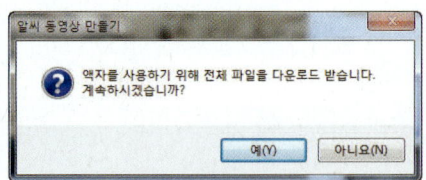 상태일 때 배경을 지정해야 변화를 볼 수 있습니다. 단, 처음으로 배경과 액자를 사용한다면 전체 파일을 다운로드 한 후에 사용할 수 있습니다. 이는 [디자인] 탭뿐만 아니라 [효과] 탭에서도 마찬가지입니다.

1 [디자인] 탭에서 사진의 배경을 넣을 수 있습니다. 아래는 상태에서 [배경]이 없는 결과 화면입니다.

② 원하는 배경을 선택한 후에 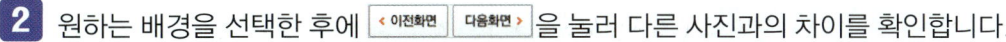 을 눌러 다른 사진과의 차이를 확인합니다.

■ 배경과 액자 없애기

특정 사진에 적용된 배경과 액자를 없애려면 [없음]을 선택해 줍니다. 즉, 지정된 배경과 액자를 취소할 때 [없음]을 사용합니다. 상태에서 배경을 없애면 [여백에 사진 넣기]가 체크되어 있으면 여백에 확대된 흐린 사진이, 해제되어 있다면 검정 여백이 나타납니다.

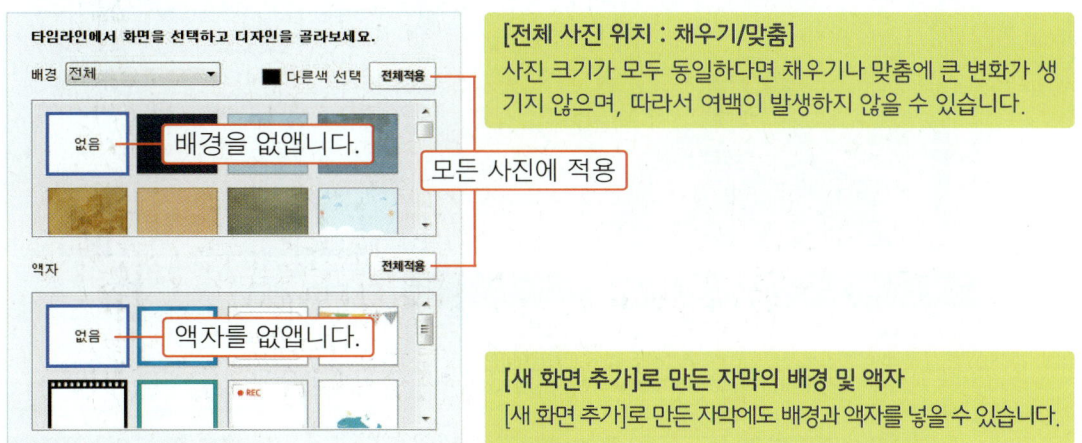

4.2 사진에 액자 넣기

[상세 꾸미기]-[디자인] 탭에서의 [액자]는 [배경]과 같은 방식으로 작업이 진행됩니다.

1 [상세 꾸미기]-[디자인] 탭에서 특정 사진을 선택하고, 원하는 액자를 선택합니다.

2 다른 사진을 선택하여 배경과 액자를 함께 지정해 봅니다.

5 효과 적용하기

[상세 꾸미기]-[효과]는 사진과 사진 사이의 [장면 전환]과 사진 위에 꾸밈 그림이 움직이는 [시네마틱]으로 구성되어 있습니다.

5.1 전환 효과 적용하기

[전환]은 현재 사진 이후에 다음 사진을 어떻게 나타나게 할지를 지정하는 효과입니다. 즉, 사진을 선택하고 [전환] 효과를 지정하면, 지금 사진이 아닌 다음 사진이 나타날 때 효과가 적용됩니다.

또한 특별한 지정이 없어도 모든 사진에 [겹치기] 효과가 미리 부여되어 있어서 다음 사진이 나타날 때 살짝 겹쳐지면서 부드럽게 전환됩니다.

[전환] 효과 표시
[전환] 효과 없음

1 사진을 선택하고, [상세 꾸미기]의 [효과] 탭을 클릭합니다.

2 [전환] 효과로 [바람개비]를 적용하고, 재생하여 결과를 확인합니다. 선택된 사진 이후의 다음 사진이 나타날 때 [전환] 효과가 나타납니다.

> **노트** 이동과 확대 축소
>
> 영상을 재생하여 확인하면 알 수 있듯이 ☑ 이동과 확대축소 를 체크하지 않으면 다소 밋밋한 영상이 됩니다. 특별한 경우가 아니라면 ☑ 이동과 확대축소 를 체크하여 영상을 작성하는 것이 좋습니다.

■ [전환]과 [시네마틱] 효과 없애기

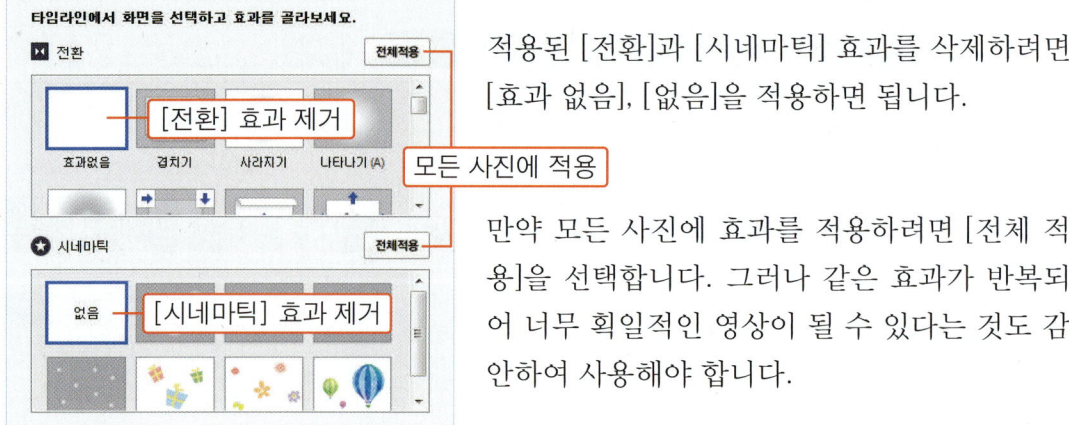

적용된 [전환]과 [시네마틱] 효과를 삭제하려면 [효과 없음], [없음]을 적용하면 됩니다.

만약 모든 사진에 효과를 적용하려면 [전체 적용]을 선택합니다. 그러나 같은 효과가 반복되어 너무 획일적인 영상이 될 수 있다는 것도 감안하여 사용해야 합니다.

5.2 시네마틱 효과 적용하기

[시네마틱]은 선택한 사진 위에 알씨 동영상에서 제공하는 꾸밈 그림이 움직이는 효과입니다. 시네마틱을 적용하고 재생해 보면 보다 분명히 그 효과를 확인할 수 있습니다.

1 사진을 선택하고, [효과] 탭에서 원하는 [시네마틱] 효과를 적용합니다. [시네마틱]이 적용된 사진엔 ★ 표시가 나타납니다. 적용했으면 꼭 재생하여 그 결과를 확인하기 바랍니다.

2 [전환]은 현재 선택된 다음 사진이 나타날 때 적용되지만, [시네마틱]은 현재 사진에 반영됩니다.

알씨 + 알씨 꾸미기 + 알씨 동영상 만들기

6 동영상 만들기

지금까지 [간편 만들기]와 [상세 꾸미기]를 혼합하여 영상을 편집하였습니다. 이렇게 다양한 편집 기능을 모두 활용하여야 멋진 동영상을 완성할 수 있습니다.

현재 알씨 동영상 만들기에는 편집 과정을 저장해 두는 프로젝트 저장이 없습니다.(**추후 지원 예정**) 따라서 작업한 것은 반드시 [만들기]를 이용하여 최종 동영상 파일로 저장해야 합니다. 동영상 파일을 만들었다 해도 알씨 동영상 만들기 프로그램을 종료하지 말고, 완성된 동영상에서 수정할 부분이 있는지 세밀히 살펴서 다시 편집하고 이를 [만들기]로 저장하는 과정을 반복해 줘야 합니다.

최종 동영상으로 [만들기]를 할 때 고려할 점은 해상도와 파일 크기입니다.

영상 파일 크기가 커지면 화질 손실이 없고, 파일 크기가 작아지면 다소 화질이 손실될 수 있습니다. 그러나 [만들기]의 지정 옵션보다 원본 사진의 해상도가 좋아야 고퀄리티의 완성본을 얻을 수 있습니다.

• 화질을 우선시 한다면 용량이 커지더라도 최고 해상도를 지정합니다. (참조 : 86쪽)
• 용량과 화질의 절충을 원한다면 [사용자 설정]으로 지정하여 기본 값으로 [만들기]를 합니다.
  ※ 필자는 용량과 해상도를 고려하여 [사용자 설정]의 기본 값을 선호합니다.
• 스마트 폰 등에서 재생하려면 굳이 파일 크기가 큰 옵션을 선택할 필요가 없습니다.

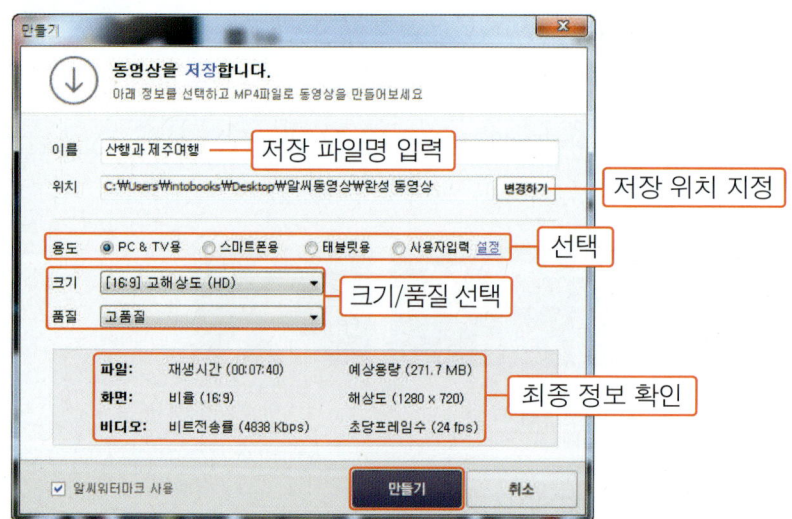

12장 상세 꾸미기로 동영상 만들기

1 저장 전에 재생(▶)하여 영상을 점검한 후, 수정할 것이 없으면 화면 우측 하단의 [만들기]를 클릭합니다.

2 저장이 완료되면 [동영상 열기]를 클릭하여 확인하거나 또는 [폴더 열기]를 눌러 저장된 곳으로 이동합니다.

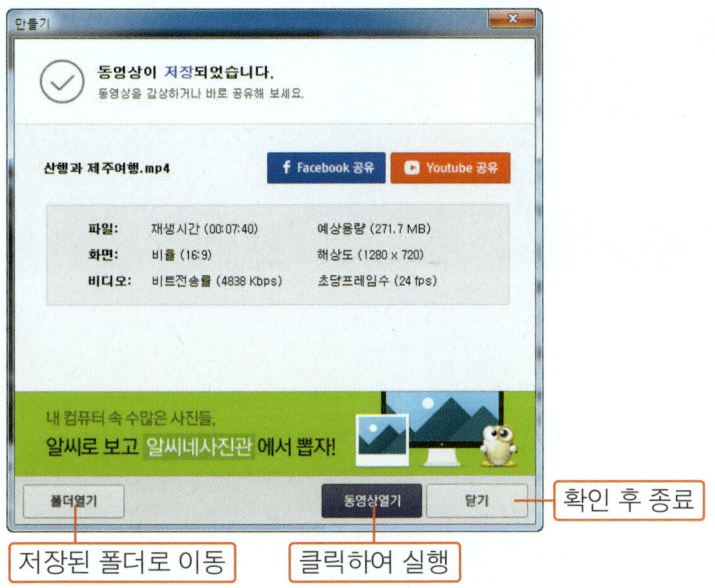

3 [폴더 열기]를 클릭하면 사용자가 저장 위치로 지정한 폴더가 나타납니다. 해당 동영상을 더블 클릭하여 실행합니다.

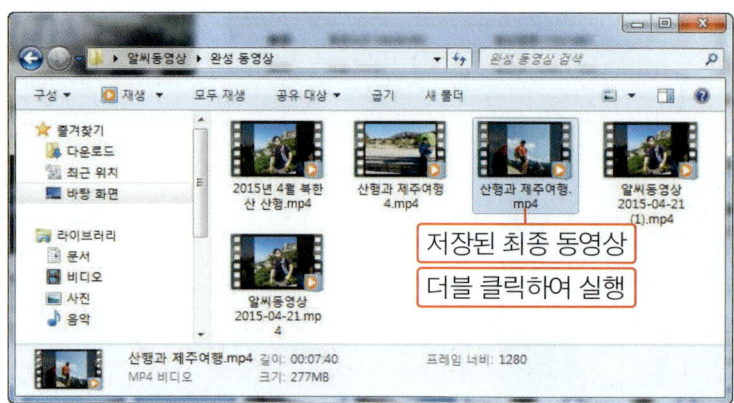

저장된 최종 동영상
더블 클릭하여 실행

4 윈도우의 기본 영상 플레이어에서 실행된 결과 화면입니다.

노트 — 자연스러운 음악 볼륨

음악 볼륨이 점점 커지면서 시작하는 것을 페이드 인(Fade In), 볼륨이 점점 작아지면서 종료되는 것을 페이드 아웃(Fade Out)이라 합니다. 알씨에서는 아직 이런 기능을 제공하고 있지 않습니다.
다른 툴의 도움을 받아 페이드 인/페이드 아웃 기능을 처리하려면 [Lesson 14 알씨 동영상 Power Up 시키기]의 116쪽을 참조하기 바랍니다.

알씨 & 알씨 꾸미기 & 알씨 동영상 만들기

인터넷에 동영상 올리기

13 Lesson

[알씨 동영상 만들기]로 만든 영상은 PC 자체에 보관하여 재생하기도 하지만, 인터넷의 블로그나 카페에 올려 공유하기도 합니다. 인터넷 블로그나 카페 등은 업로드 할 수 있는 용량에 제한이 있습니다. 미리 제한 용량을 확인하고 그에 맞춰 영상을 제작하여 업로드 하기 바랍니다.

1 네이버 블로그에 동영상 업로드 하기

1 네이버에 로그인한 후, [블로그]로 이동합니다.

2 [포스트 쓰기] 등을 선택하여 글쓰기 창이 나타나면 제목을 입력하고, [동영상]을 클릭합니다. [업로드] 창이 나타타면 [동영상 찾기]를 눌러 [내컴퓨터에서]를 선택합니다.

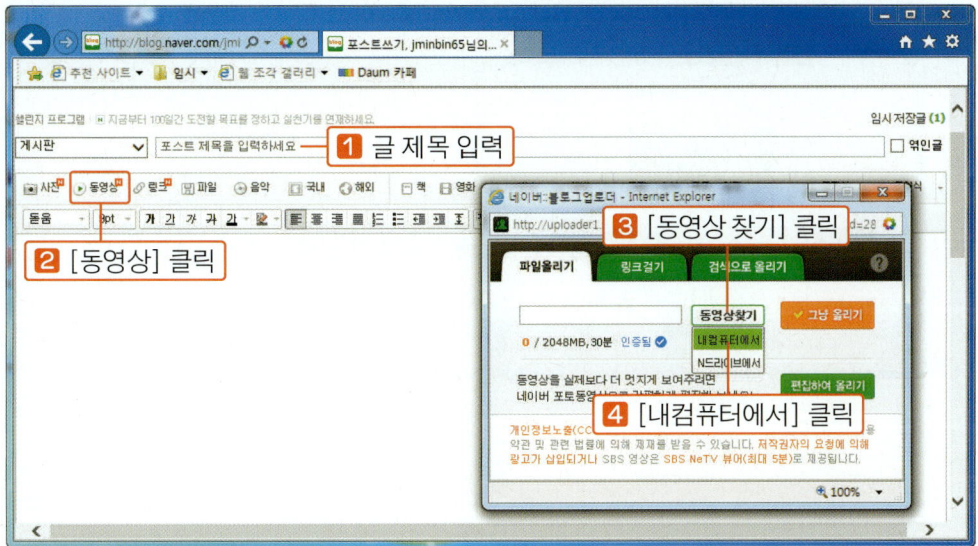

3 동영상이 수록된 폴더에서 업로드 할 영상을 선택하고, 업로드 화면에서 [그냥 올리기]를 클릭합니다.

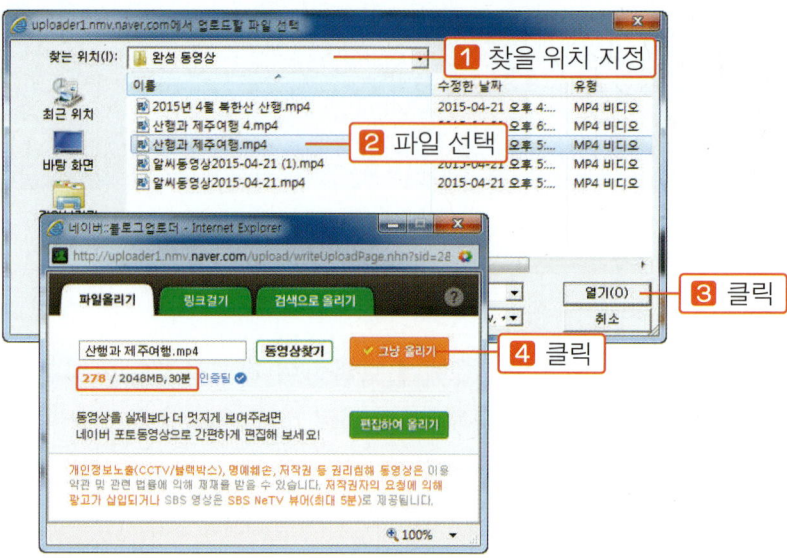

> **노트** 블로그 업로드 용량
>
> 네이버 블로그나 다음 카페 등은 업로드 할 수 있는 용량 제한이 있습니다. 만약 업로드 할 영상이 제한 용량보다 크다면 동영상의 크기를 줄여 줘야 합니다. 영상의 용량 변환은 레슨 14의 123쪽을 참조하기 바랍니다.

4 업로드가 완료되면 영상의 표지를 선택해 주고 [올리기 완료]를 클릭합니다.

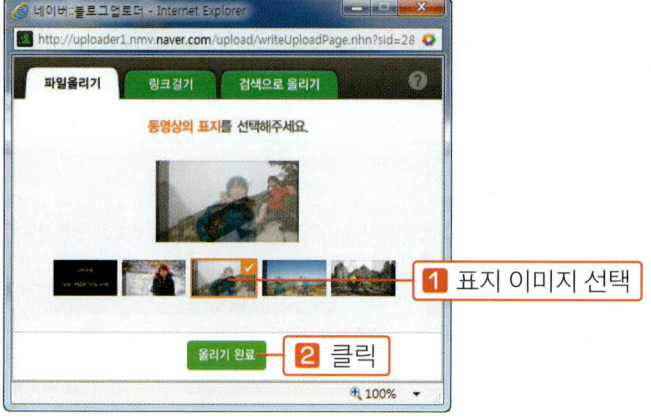

5 영상이 첨부되었으면 화면을 아래로 스크롤하여 [확인]을 클릭합니다.

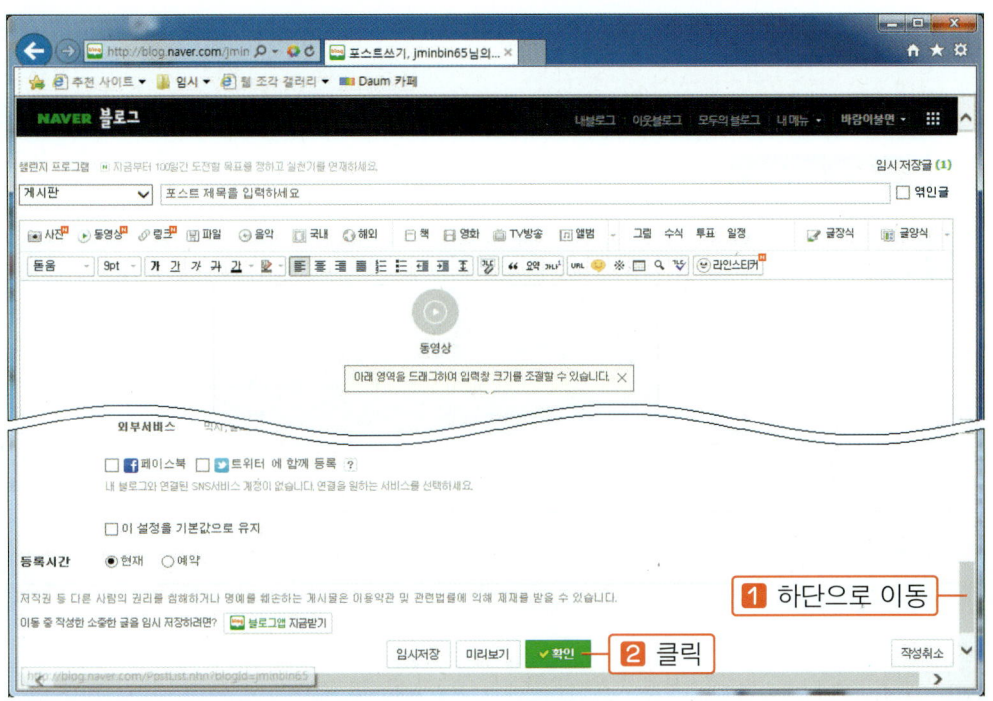

> **:: 노트** ｜ 네이버 블로그의 공개 설정
>
> 네이버 블로그는 글을 올릴 때 공개 여부를 설정할 수 있습니다. [설정 정보]를 잘 살펴서 어떤 범위까지 공개할지를 신중히 지정하여야 중요 정보일 때 개인의 사생활을 보호할 수 있습니다.

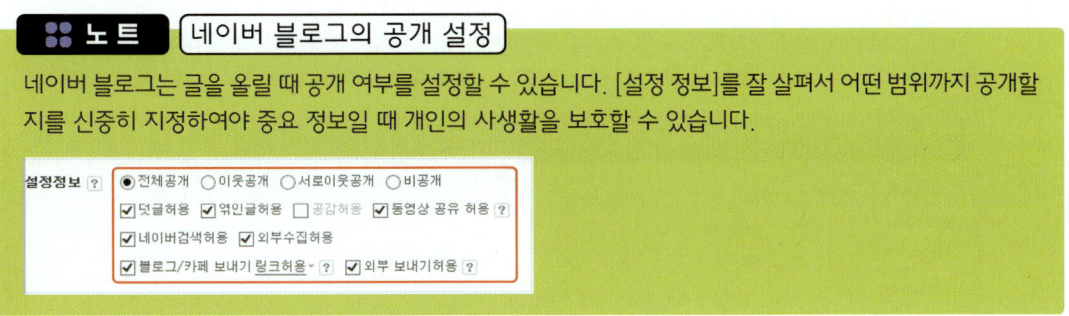

6 동영상이 올바르게 업로드 되었는지 재생하여 확인합니다.

7 네이버의 본인 블로그에 업로드 된 영상은 다른 사람들과 공유가 가능합니다. 게시글의 하단에서 보내기( ) 버튼을 누른 후, URL 복사 를 눌러 URL을 복사합니다.

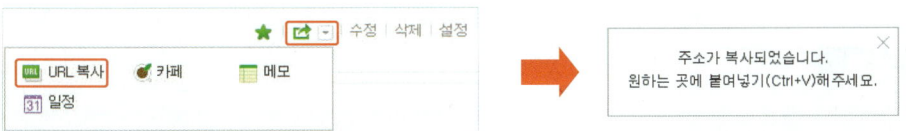

8 복사된 URL 주소는 메일 등에 붙여넣기(Ctrl+V)하여 다른 사람에게 발송할 수 있습니다.

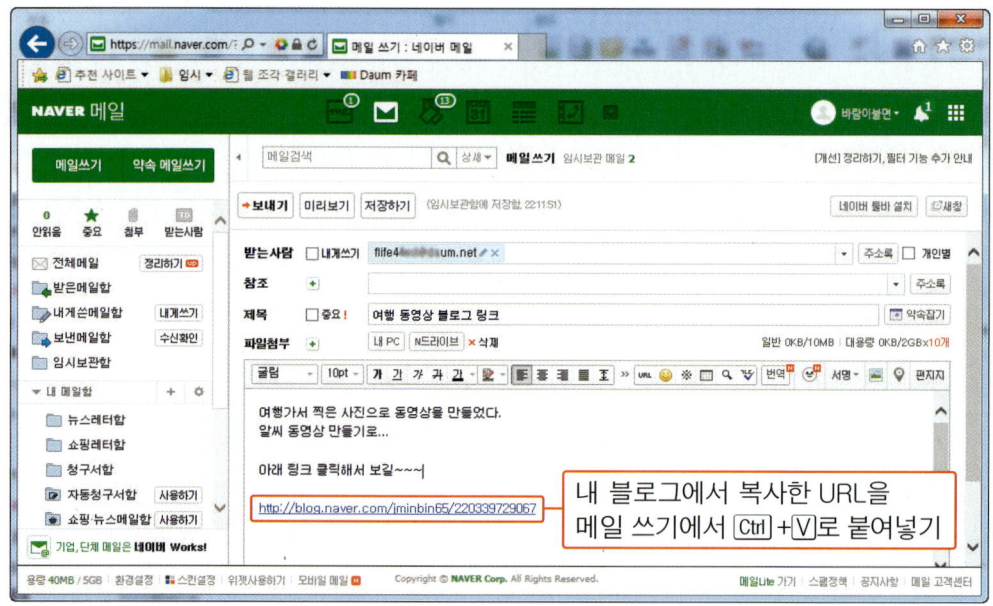

9 이렇게 타인에게 업로드 된 동영상의 URL을 발송하면, 메일을 받은 사람이 메일에 링크된 주소를 클릭하여 영상을 감상할 수 있습니다.

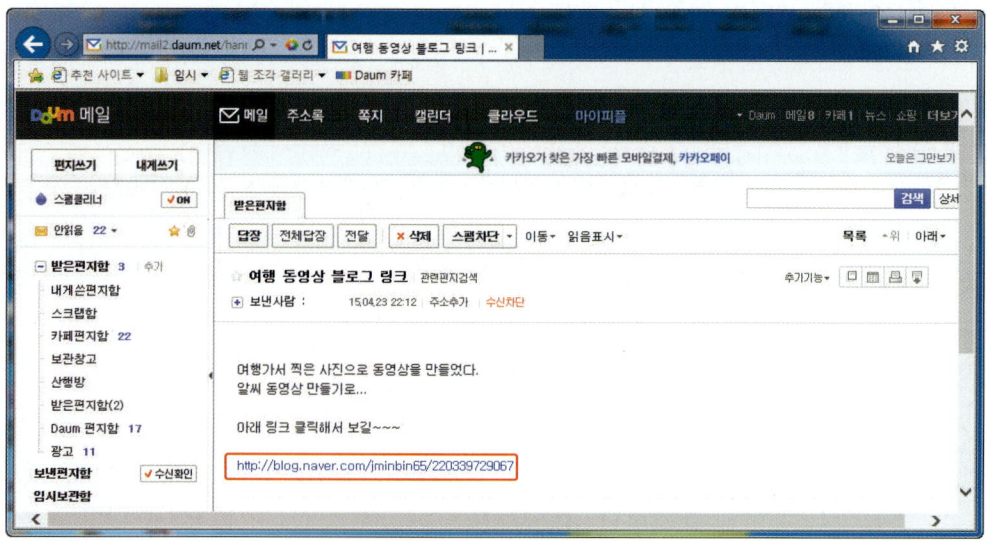

노트 　블로그 및 게시글 비공개

네이버 블로그는 블로그 자체나 게시글을 비공개로 처리할 수 있습니다. 비공개된 블로그나 게시글은 타인이 볼 수 없으므로 메일로 동영상 주소를 전달하는 것은 의미가 없습니다.

알씨 & 알씨 꾸미기 & 알씨 동영상 만들기

알씨 동영상 Power Up 시키기
14 Lesson

[알씨 동영상 만들기]는 매우 뛰어난 프로그램이지만 초보자용이기에 몇 가지 아쉬운 기능도 있습니다.

■ 장점
- 쉽고 빠르고 간단하게 영상 제작(초보자도 가능)
- 개인인 경우 무료로 사용 가능한 프로그램
- 완성된 동영상의 해상도가 매우 뛰어남

■ 단점
- 오직 사진으로만 영상 제작이 가능(동영상을 포함하여 제작할 수 없음)
- 음악의 길이 조절 및 페이드 인/페이드 아웃 기능이 없음

이번 레슨에서는 [알씨 동영상 만들기]의 부족한 기능 중 [음악 처리]와 [영상을 포함할 수 없는 점]을 다른 프로그램을 활용하여 보완하는 방법을 살펴보도록 하겠습니다.

❶ Audacity로 음악 관리하기

알씨 동영상 만들기에서는 음악의 페이드 인/페이드 아웃 기능이 없어서, 영상이 끝날 때 음악이 갑자기 뚝 끊기는 현상을 보게 됩니다. 음악이 끝날 때 볼륨이 작아지면서 자연스럽게 종료되는 페이드 아웃 기능을 다른 프로그램을 사용하여 보완하면 더 좋은 영상을 만들 수 있습니다.

Audacity는 음악의 페이드 인/페이드 아웃 및 음악 합치기 등에 유용한 프로그램으로 알씨 동영상 만들기와 함께 사용하면 좋습니다.

1.1 Audacity 설치하기

1 네이버 등에서 [Audacity]로 검색하여 해당 페이지로 이동한 후, ⊕ 무료 다운로드 를 클릭하여 바탕 화면에 다운로드합니다.

2 바탕 화면에 만들어진 [Audacity] 폴더를 열고, 프로그램을 더블 클릭하여 설치합니다.

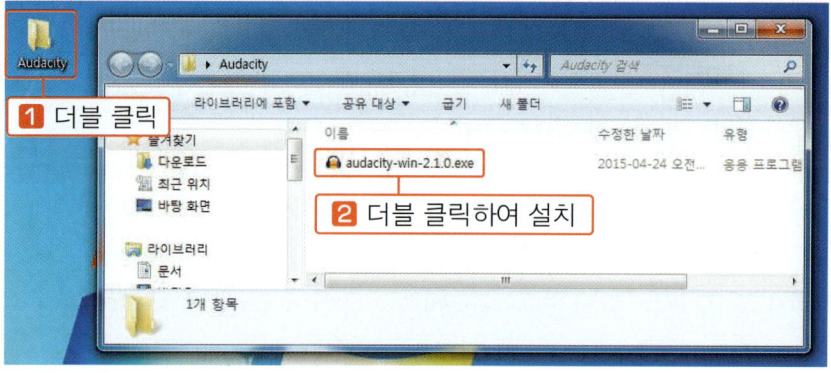

3 설치 과정은 특별히 설명할 것이 없습니다. 안내 메시지를 보면서 설치를 완료합니다.

1.2 Audacity로 음악 자르기

[알씨 동영상 만들기]에서 사진을 넣고 [1장당 재생 시간]을 지정하면 전체 영상의 길이가 결정됩니다. 바로 그 영상 길이만큼 배경 음악의 길이를 맞춰 주기 위해 음악 자르기 기능이 필요합니다.(한곡이 짧다면 여러 곡을 넣을 것이므로, 대부분 음악이 영상보다 깁니다.) 영상에 필요한 길이만큼 음악을 자른 후, 끝부분을 페이드 아웃 처리하면 자연스럽게 볼륨이 줄어드는 영상을 만들 수 있습니다.

1 아래 화면은 [알씨 동영상 만들기]의 초반 작업 부분입니다. 사진과 음악을 넣고, [1장당 재생 시간]을 지정하면 영상의 전체 길이를 예측할 수 있습니다.

아래 예에서는 영상의 전체 길이가 3분 5초, 음악 길이는 3분 25초입니다. 따라서 이대로 만들기 작업을 하면 삽입한 음악이 도중에 끊기게 될 것입니다.

노트 | Audacity와 알씨 동영상 만들기

만약, 영상이 3분 5초 분량임을 알았다면, Audacity에서 3분 5초에 맞춰 음악을 자르고 끝부분을 페이드 아웃 처리를 해준 후, 이렇게 작업된 음악을 다시 [알씨 동영상 만들기]에서 삽입하여 사용합니다.
그러면 알씨 동영상 만들기로 작업한 최종 영상의 끝부분에서 음악이 자연스럽게 종료됩니다. 이렇게 자연스런 음악의 볼륨 처리를 위해 Audacity 프로그램을 알씨 동영상 만들기 프로그램과 함께 활용하는 것이 좋습니다.

2 Audacity 프로그램을 실행합니다.

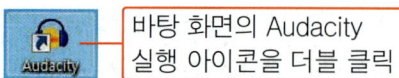
바탕 화면의 Audacity 실행 아이콘을 더블 클릭

3 Audacity의 메뉴 [파일]-[열기]를 눌러 작업할 음악을 불러옵니다.

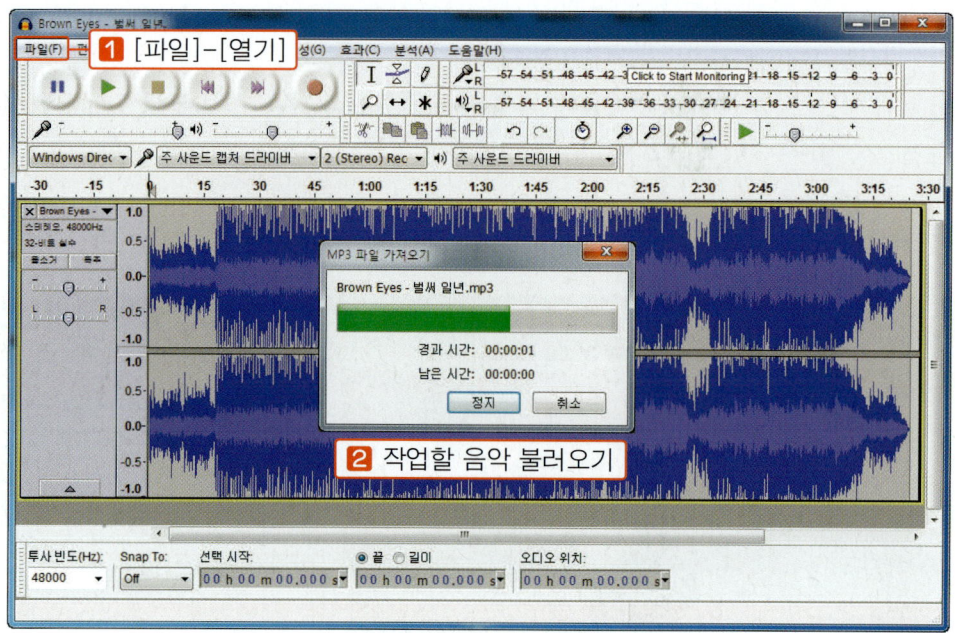

4 음악을 불러왔으면 타임 라인을 확대시켜서 ▶ 를 눌러 가면서 어디를 잘라 내어 원하는 길이에 맞출지를 살펴봅니다.

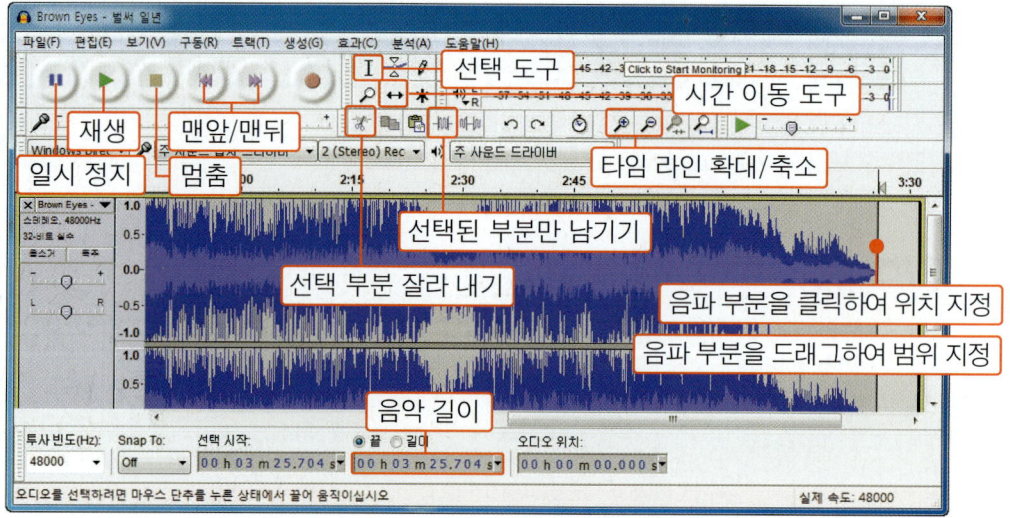

5 자르는 방법(음악 앞부분, 중간 간주 부분, 음악 끝부분 등)은 다양합니다. 실습에서는 시작 부분과 끝부분을 잘라 내서 원하는 3분 5초에 맞추겠습니다.(예제 음악 길이 : 3분 25초)

먼저, 타임 라인을 확대(🔍)시킨 후 선택 도구(I)를 눌러 활성화시킨 상태에서 뒤쪽 부분을 드래그하여 범위를 지정하고 삭제합니다.

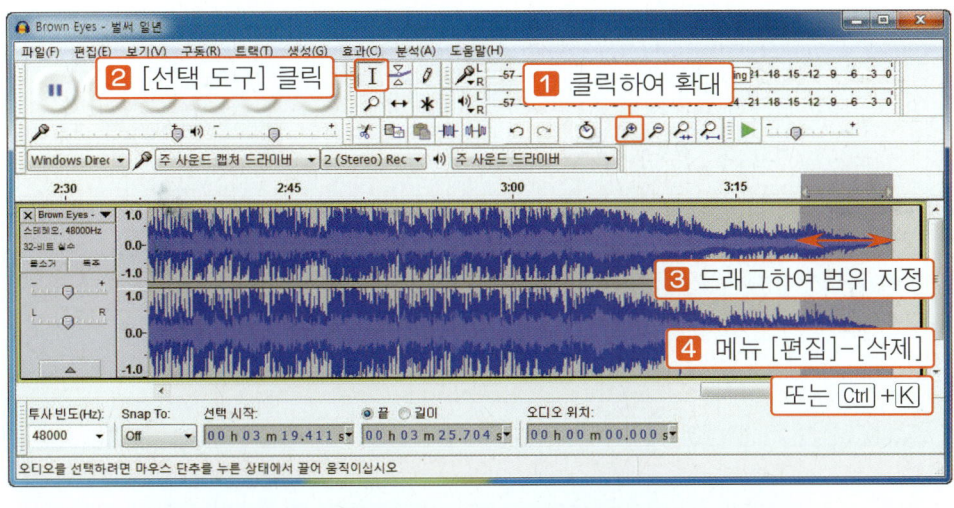

노트 삭제하기/자르기

- 선택한 범위만 남기기 : ⊢⊣⊩
- 선택한 범위만 삭제하기 : [편집]-[삭제] 또는 Ctrl + K
- 현 위치로 분할하기 : 위치를 잡고 Ctrl + I

6 음악의 전체 시간을 확인하고 전체 길이가 3분 5초가 되도록 앞부분을 삭제합니다.

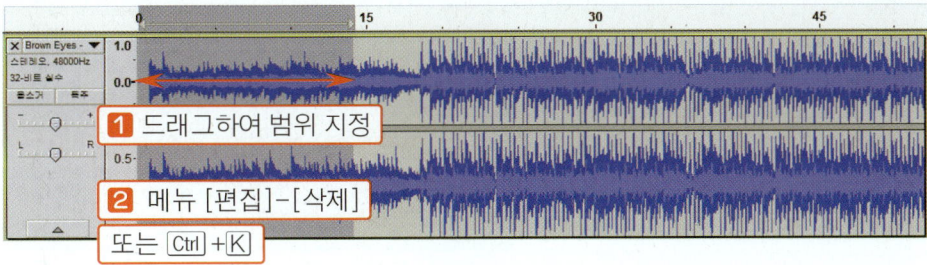

7 타임 라인을 더블 클릭하여 전체를 선택한 후, 음악 길이를 확인합니다.

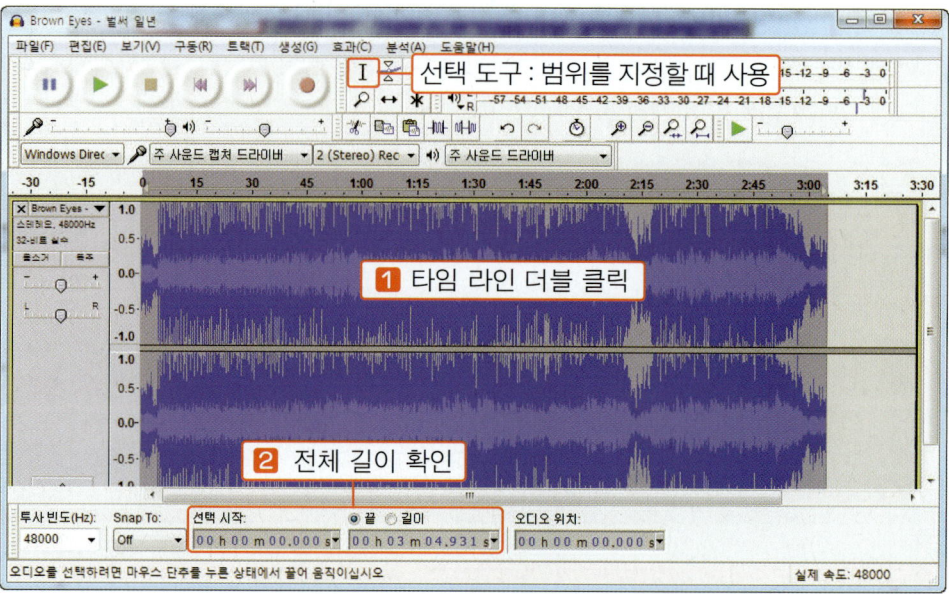

8 메뉴 [파일]-[Export Audio]를 클릭하여 작업한 음악 파일을 추출하여 저장합니다.

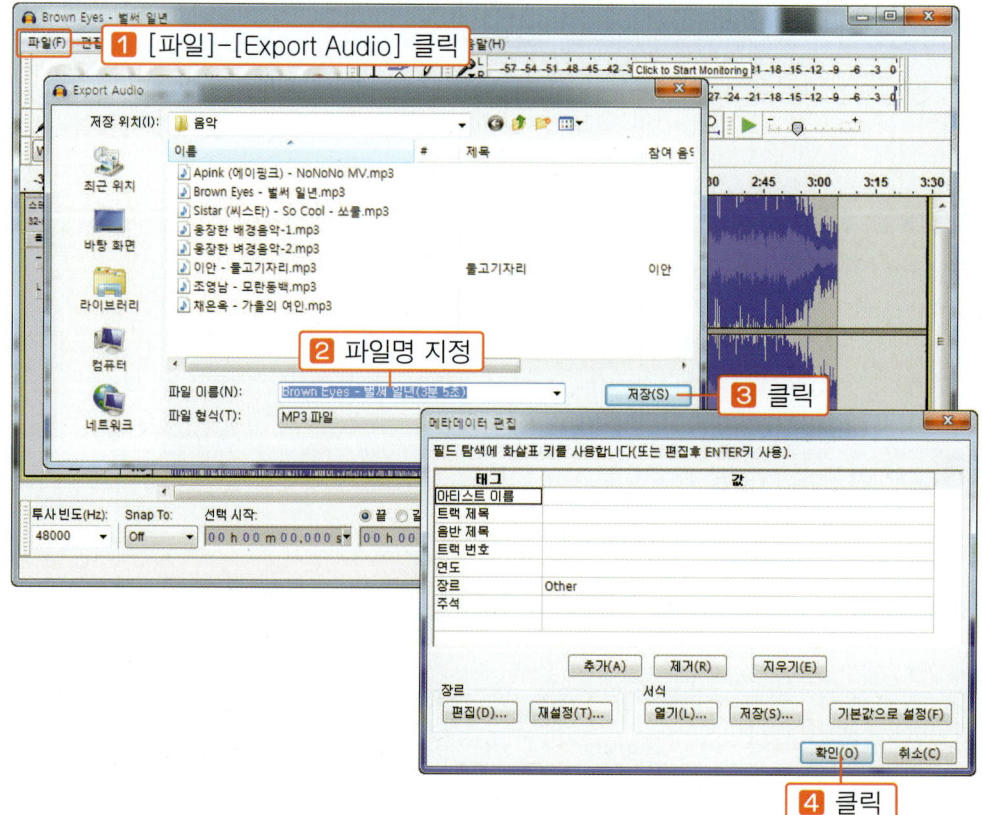

9 [Lame 찾기] 창이 나타나면 [다운로드]를 클릭하여 설치한 후, [확인]을 누릅니다.

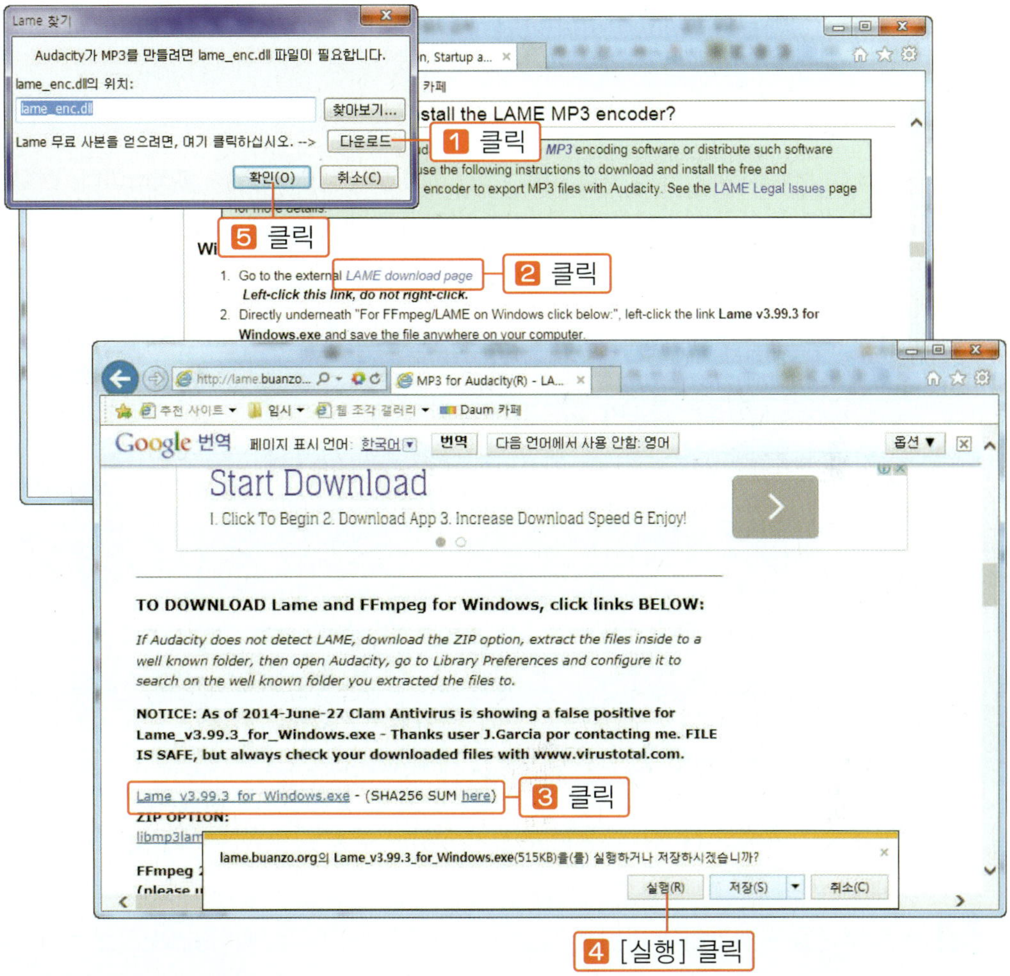

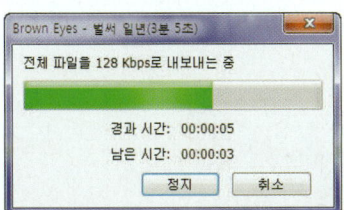

10 작업한 음악이 저장됩니다.

:: 노트 음악 확인

음악도 편집하면 영상처럼 반드시 재생()시켜서 그 결과가 맞게 되었는지를 확인해 봐야 합니다.

1.3 Audacity로 페이드 인/페이드 아웃 처리하기

영상에 사용할 만큼 음악 길이를 맞췄더라도 시작 부분과 끝 부분이 부드럽게 되도록 페이드 인/페이드 아웃 처리를 해줘야 자연스러운 배경 음악이 됩니다.

1 [Audacity]에서 [파일]-[열기]를 클릭하여, 길이를 조정한 파일을 불러옵니다. 선택 도구(I) 상태에서 앞쪽 부근을 드래그하여 범위를 지정하고 메뉴 [효과]에서 [페이드 인]을 선택합니다.

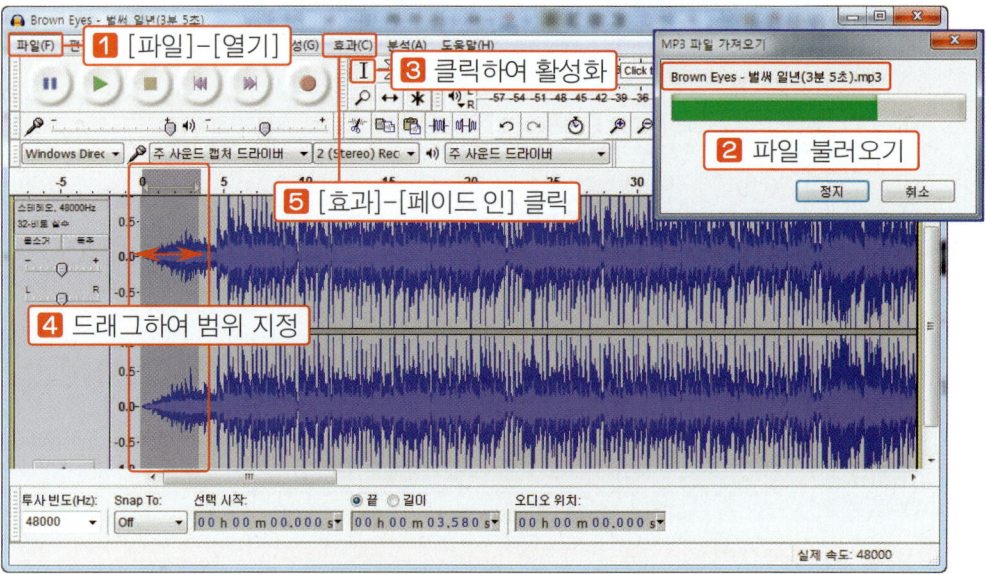

2 뒤쪽 부근을 드래그하여 범위를 지정하고 메뉴 [효과]에서 [페이드 아웃]을 선택합니다.

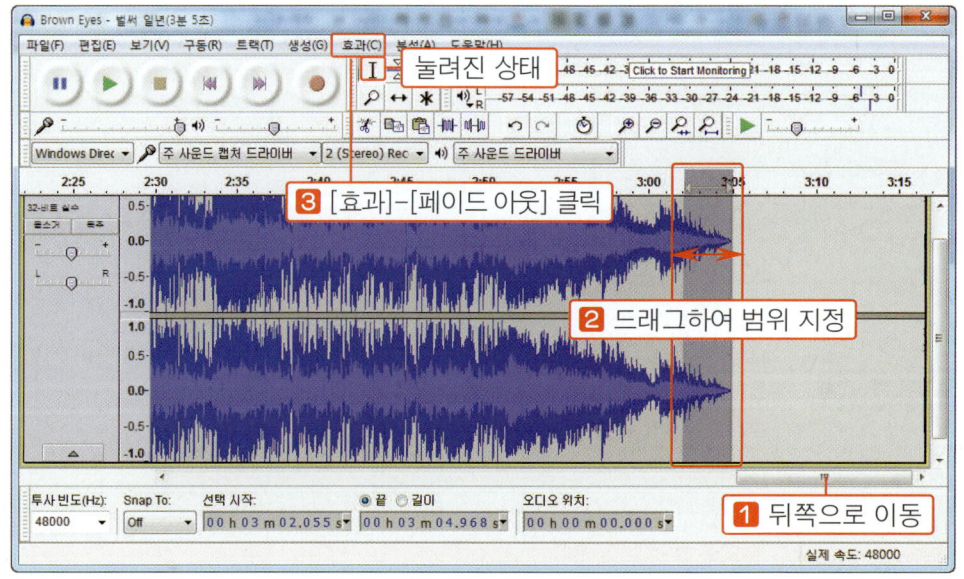

14장 알씨 동영상 Power Up 시키기

3 [Audacity]의 메뉴 [파일]-[Export Audio]를 클릭하여, 음악의 앞뒤를 자연스럽게 페이드 처리한 파일을 저장합니다.

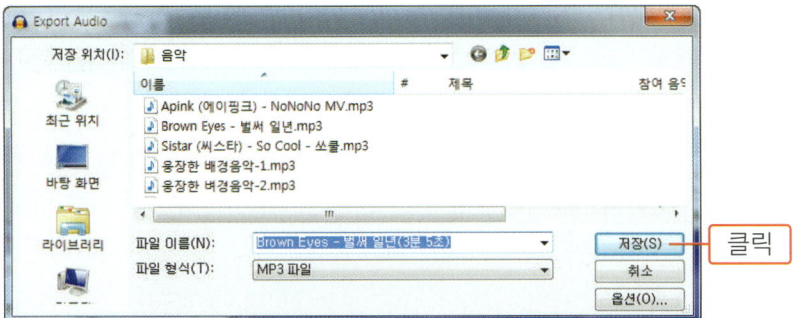

4 이렇게 작업한 음악 파일을 [알씨 동영상 만들기]에서 배경 음악으로 불러옵니다.

노트 | Audacity와 알씨 동영상 만들기

[알씨 동영상 만들기]에서 사진을 넣고 [1장당 재생 시간]을 지정하여 전체 영상 길이를 확인합니다.
- Audacity에서 해당 음악을 영상 길이에 맞춰 자르고, 앞뒤를 자연스럽게 페이드 처리해서 저장합니다.
- 작업된 음악을 다시 [알씨 동영상 만들기]에서 배경 음악으로 삽입하여 편집한 후 영상 만들기를 합니다.

이렇게 영상 길이에 음악 길이를 맞추고 앞뒤를 페이드 처리하여 사용하면 멋진 영상을 완성할 수 있습니다.

1.4 Audacity로 음악 합치기

마지막으로 살펴 볼 내용은 여러 곡을 알씨 동영상 만들기에서 사용하는 경우입니다.

예를 들어 알씨 동영상 만들기에 두 곡을 삽입하면 첫 번째 곡이 완전히 끝난 후 두 번째 곡이 플레이됩니다. 즉, 영상의 길이에 따라 두 번째 곡이 너무 짧게 진행되는 경우가 발생할 수 있습니다. 이런 것을 대비하여 Audacity에서 두 곡을 적당한 길이로 잘라 내고 곡과 곡사이가 자연스럽게 맞물리도록 페이드 처리를 한 후, 하나의 곡으로 만들어 사용하는 것이 좋습니다.

음악 자르기는 앞에서 실습했으므로 이곳에서는 합치기 기능 위주로 알아보겠습니다.

1 Audacity에서 메뉴 [파일]-[열기]로 한곡을 불러온 후, [파일]-[가져오기]-[오디오]로 두 번째 곡을 가져오면 한 화면에 두곡이 배치됩니다.

이어서 첫 번째 곡의 끝부분을 페이드 아웃, 두 번째 곡의 앞부분을 페이드 인 처리를 합니다.

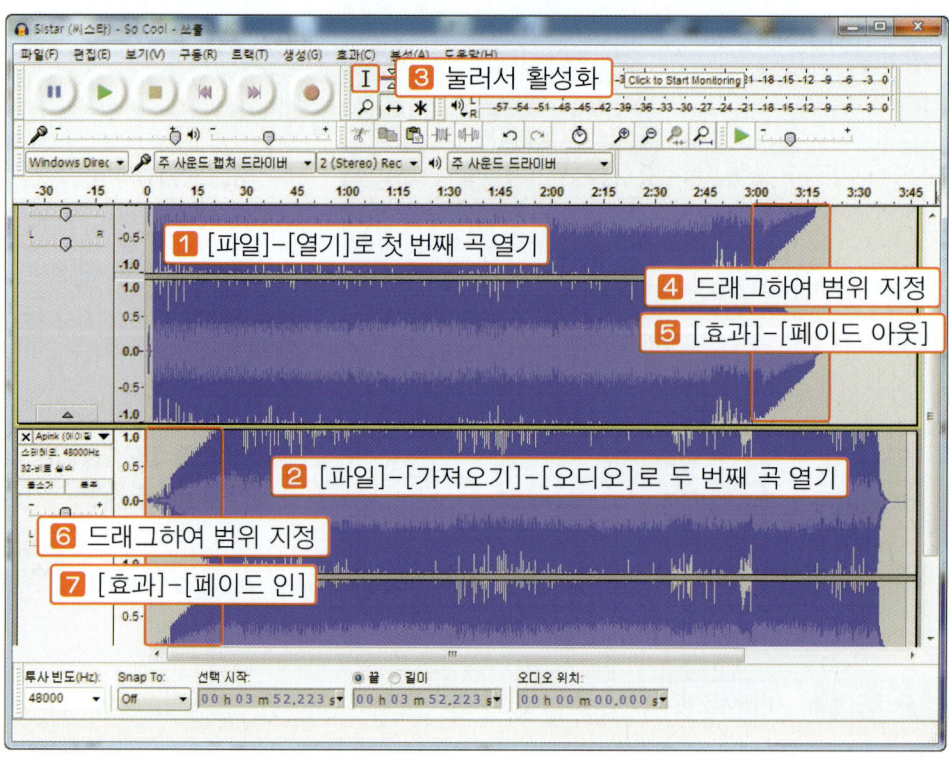

2 첫 번째 곡과 두 번째 곡의 페이드 처리한 부분을 겹치기 위해 두 번째 곡을 첫 번째 곡의 뒤쪽으로 이동시키고, 두곡을 모두 선택해 줍니다.

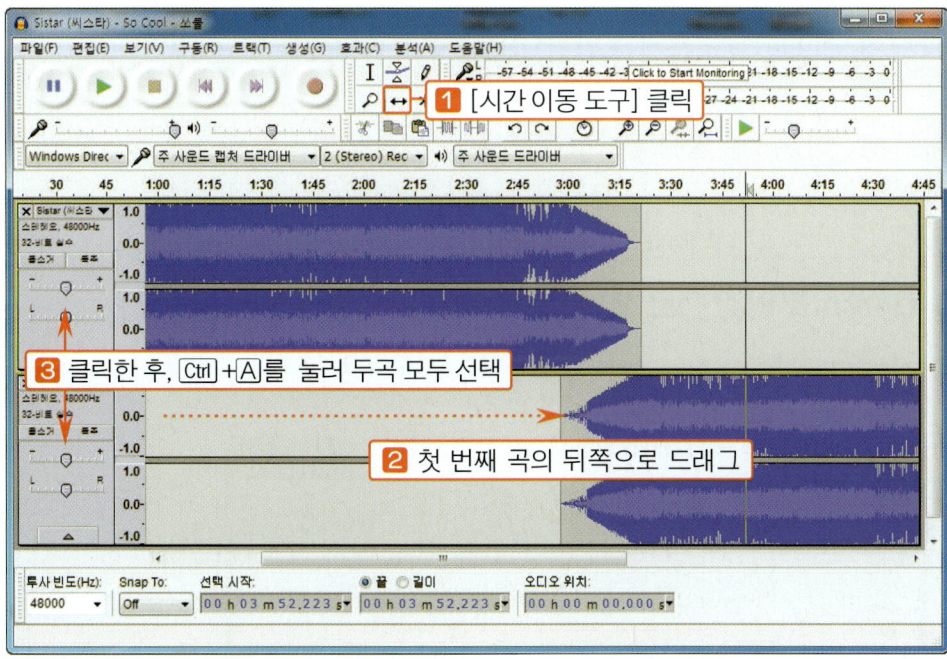

3 메뉴 [트랙]-[믹스 및 렌더]를 눌러 하나의 곡으로 합친 후, [파일]-[Export Audio]를 눌러 저장합니다.

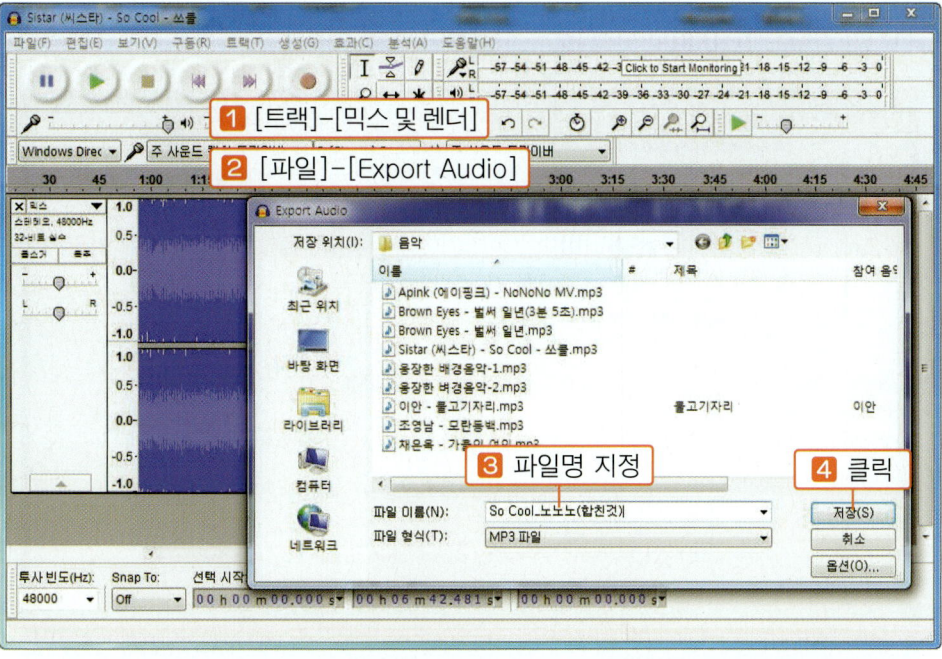

알씨 ➕ 알씨 꾸미기 ➕ 알씨 동영상 만들기

❷ Daum 팟인코더 활용하기

[알씨 동영상 만들기]는 사진을 가지고 동영상을 만들어 주는 툴입니다. 즉, 스마트 폰 등으로 촬영한 동영상은 사용할 수 없다는 것입니다.

이런 문제는 사진으로 알씨 동영상을 만들고, 이렇게 만든 동영상과 스마트 폰 등으로 촬영한 영상을 합치는 방법으로 보완할 수 있습니다.

2.1 Daum 팟인코더로 영상 합치기

1 다음(Daum)에서 [다음팟인코더]를 검색하여 설치합니다.

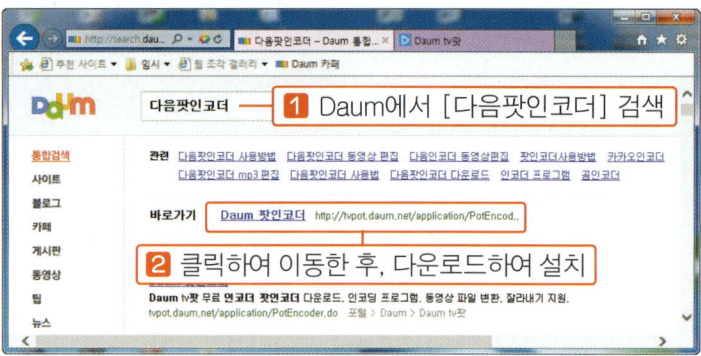

2 설치가 끝났으면 [Daum 팟인코더]를 실행합니다.

3 [Daum 팟인코더]의 [동영상 편집] 탭을 클릭하고, [불러오기]로 합칠 영상을 가져옵니다.

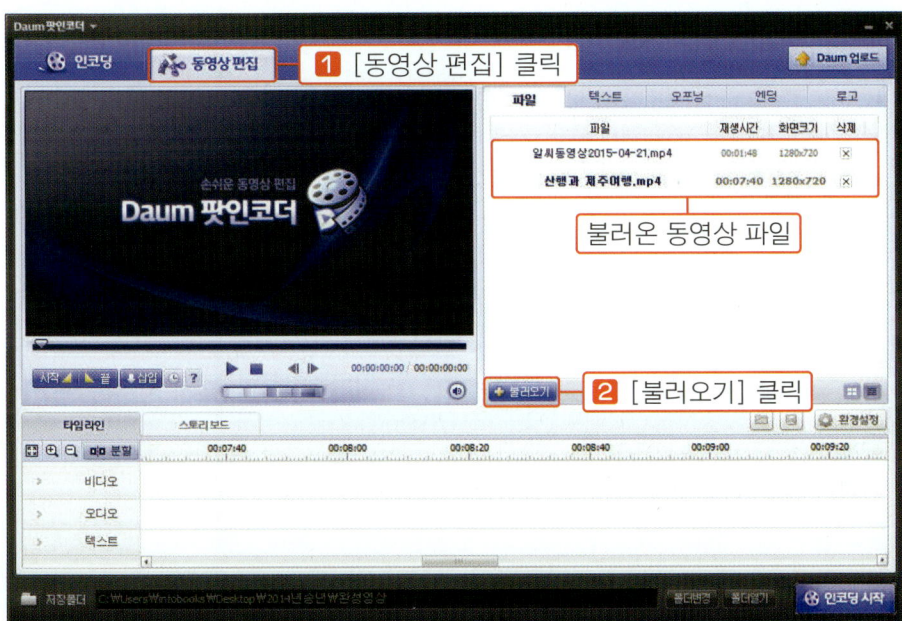

4 불러온 동영상을 타임 라인으로 끌어서 배치하고, [환경 설정]을 클릭합니다.

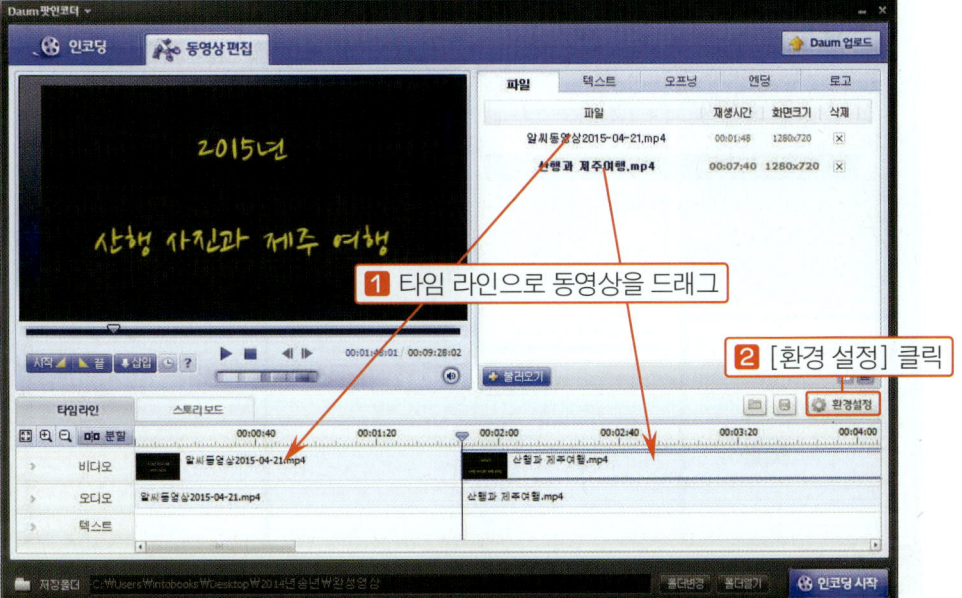

5 합쳐서 변환할 코덱 등을 설정하고 [확인]을 클릭합니다.

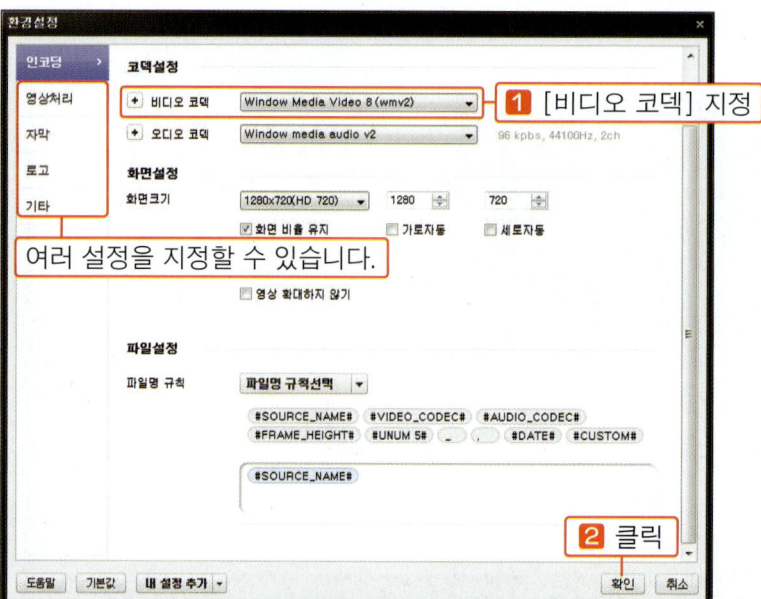

6 [폴더 변경]을 눌러 저장할 폴더를 지정하고, [인코딩 시작]을 클릭합니다.

7 [환경 설정]의 [파일 설정]을 특별히 하지 않았다면 [mix]로 시작하는 파일이 만들어집니다. 이 파일을 더블 클릭하여 재생하면 앞서 불러온 두 개의 동영상이 합쳐진 것을 확인할 수 있습니다.

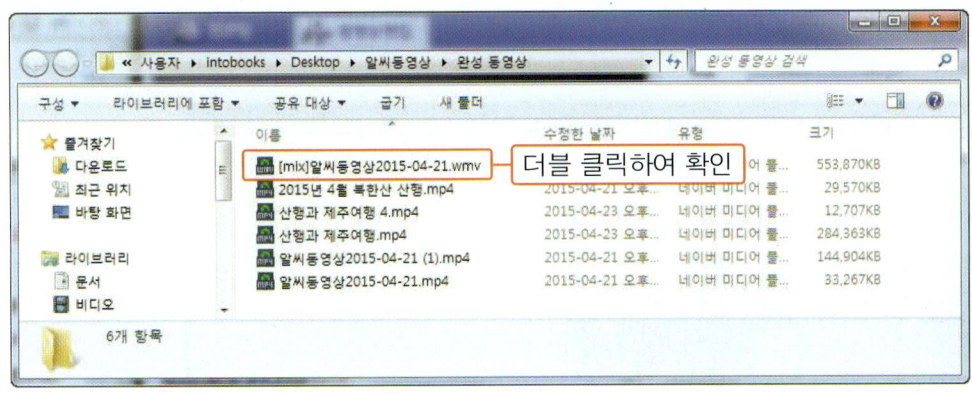

2.2 Daum 팟인코더의 다른 기능 살펴보기

Daum 팟인코더는 살펴본 동영상 합치기뿐만 아니라 다른 유용한 기능도 갖고 있습니다. 이곳에서는 대략적인 기능만 소개하겠습니다. 부족한 내용은 인터넷 검색이나 Daum 팟인코더에서 직접 확인해 보기 바랍니다.

■ 영상 포맷/크기 변환

영상을 불러온 후, [인코딩]에서 포맷이나 크기 등을 지정하여 변환할 수 있습니다.

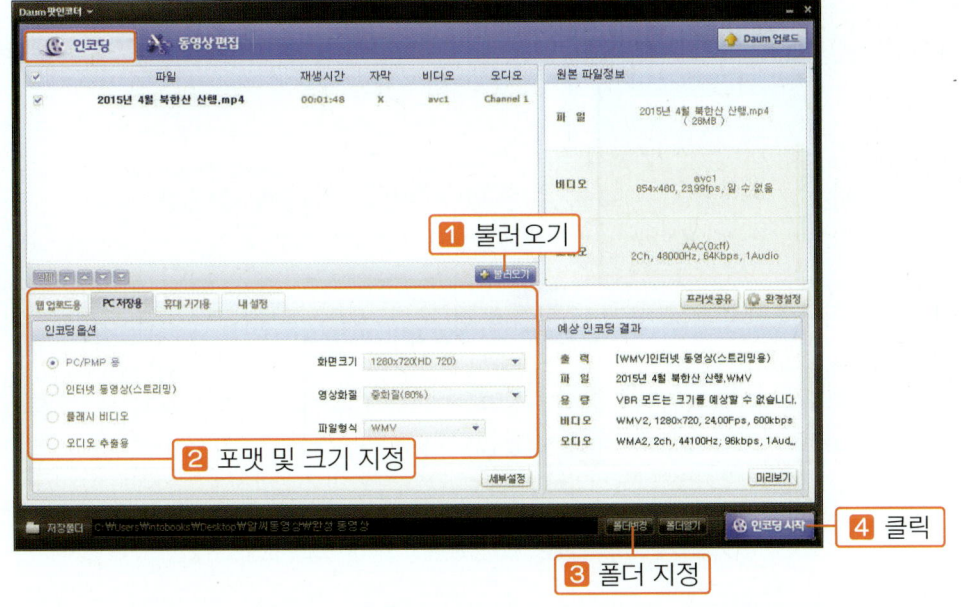

■ 영상 자르기

영상을 불러와서 타임 라인에 배치한 후, 자를 부분을 설정하고, [ㅁㅁ 분할]을 클릭합니다. 분할한 후에 필요 없는 곳을 선택하여 Delete 키를 눌러 삭제합니다. 이후 [환경 설정]에서 포맷이나 기타 설정을 한 후 [인코딩 시작]을 눌러 저장하여 활용합니다.

❸ 편집에 유용한 영상 소스 다운로드 하기

영상을 만들다 보면 사용자가 직접 작성하기엔 어려운 영상이나 구하기 어려운 음악들이 있습니다.

"XX풍경", "효과음", "축하영상", "폭죽", "웅장한 배경 음악" "카운트다운" 등등

이러한 것을 다운로드해서 영상 편집에 활용하면 보다 멋진 영상을 만들 수 있습니다.

이곳에서는 영상 전체나 영상의 배경 음악만을 따로 다운로드 할 수 있는 [Freemake Video Downloader]란 프로그램을 살펴보겠습니다.

1 [freemake video downloader]를 검색하여 다운로드한 후, 설치합니다.

2 설치한 [Freemake Video Downloader]를 실행합니다.

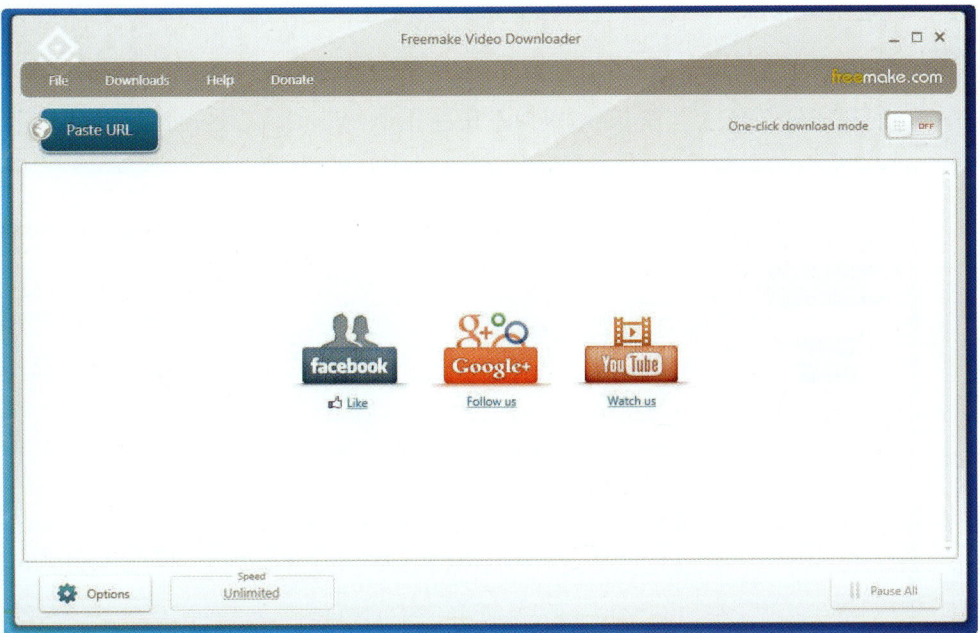

노트 저작권 보호

인터넷 등에서 다운로드한 것들은 모두 저작권의 보호를 받습니다. 따라서 개인 학습용으로 실습할 목적으로만 사용하여야 하며, 이렇게 작업된 것들을 배포해서는 안 됩니다.

3 유튜브(kr.youtube.com)로 접속하여 [축하영상] 등 원하는 키워드를 넣어 다운로드할 영상을 찾습니다. 원하는 영상이 맞는지 플레이 해본 후, 주소를 마우스 우측 버튼으로 클릭하여 [복사]를 선택합니다.

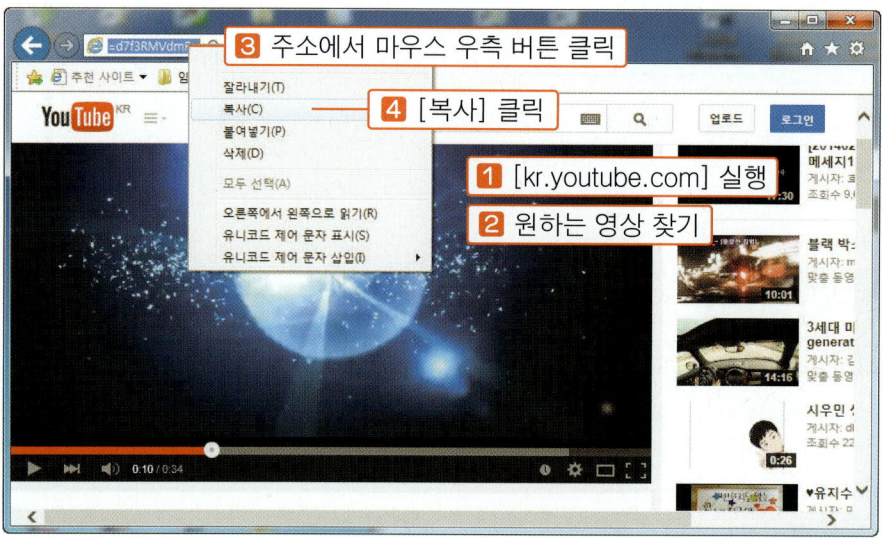

4 미리 실행해둔 [Freemake Video Downloader]에서 [Paste URL]을 클릭합니다. 이후 나타나는 창에서 설정을 한 후 [Download] 또는 [Download & Convert]를 클릭합니다.

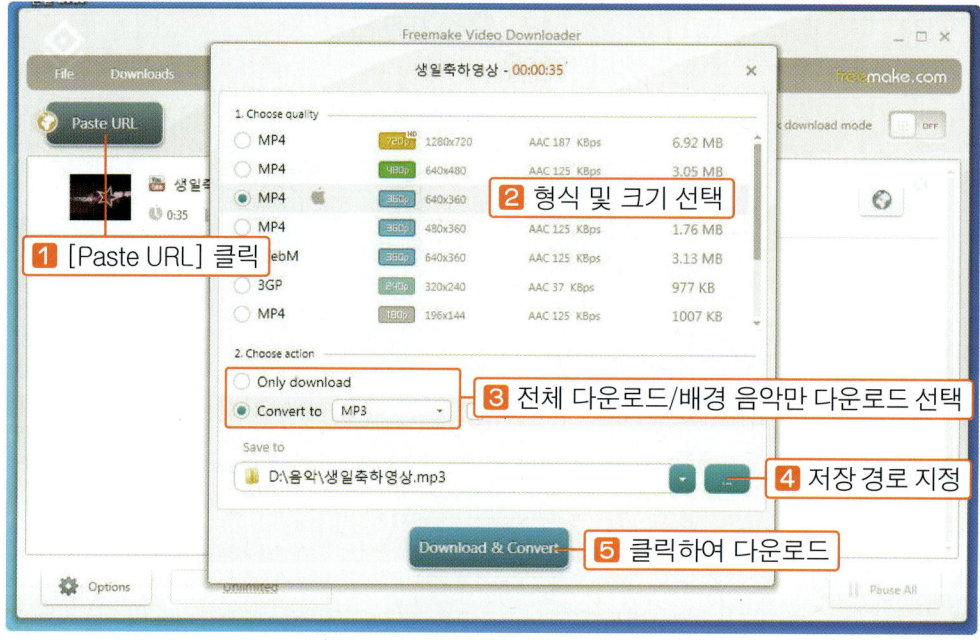

5 아래는 [Only download]를 눌러 전체 영상을, [Convert to MP3]를 눌러 영상의 배경 음악만을 따로 다운로드 받은 모습입니다.

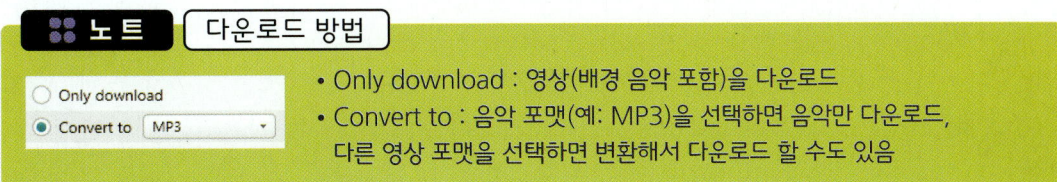

다운로드 방법

- Only download : 영상(배경 음악 포함)을 다운로드
- Convert to : 음악 포맷(예: MP3)을 선택하면 음악만 다운로드, 다른 영상 포맷을 선택하면 변환해서 다운로드 할 수도 있음

사진에 추억을 남기는
알씨 ✚ 알씨 꾸미기 ✚ 알씨 동영상 만들기

이정민 지음   정가 / 10,000원

펴낸 곳 / 인투북스
펴낸 이 / 이 갑 재

전 화 / 070-8246-8759   팩 스 / 031-925-8751
홈페이지 / www.intobooks.co.kr

2015년 5월 22일   초판 인쇄
2015년 6월 1일   1판 1쇄 발행
ISBN 978-89-6909-008-9

내용 문의: jminbin@empas.com

이 책에 언급된 모든 상표는 각 회사의 등록 상표입니다.
이 책의 무단 복사 및 전재를 금합니다.